거듭남의 복음

⟨1⟩

김 사무엘

義齊堂

목   차

머리말

1. 육신을 입고 오신 성자(聖子) 하나님 • 6
   (요 1:1-14)

2. 예수님의 조력자요 증거자인 세례 요한 • 20
   (요 1:19-34)

3. 율법 앞에서 정직한 자라야 얻는 구원 • 32
   (요 1:43-51)

4. 아구까지 채운 복음을 믿어야 거듭납니다 • 44
   (요 2:1-11)

5. 거듭남이란 무엇인가? • 54
   (요 3:1-16)

6. 빛보다 어두움을 더 사랑하는 자들 • 68
   (요 3:16-21)

7. 목마른 자를 만나 주시는 주님 • 78
   (요 4:1-19)

8. 에발산에 쌓은 번제단의 계시(啓示) • 88
   (요 4:19-26)

9. 예수의 말씀만 믿고 가는 신앙 • 98
   (요 4:46-54)

10. 종교의 마을에서는 예수님을 만날 수 없다
　　　　　　　　　　　　　　(요 5:1-13)　　　　　• 108

11. 사망에 이르는 죄는 짓지 말라
　　　　　　　　　　　　　　(요 5:14-29)　　　• 118

12. 의인들의 작은 헌신이 생명의 역사를 일으킨다
　　　　　　　　　　　　　　(요 6:1-14)　　　　• 130

13. 왜 주님의 살은 마다하고 피만 마십니까?
　　　　　　　　　　　　　　(요 6:22-59)　　　• 140

14. 생명의 말씀을 떠나지 말라
　　　　　　　　　　　　　　(요 6:59-71)　　　• 156

15. 당신의 배에서는 성령의 강이 흐르고 있습니까?
　　　　　　　　　　　　　　(요 7:37-52)　　　• 166

16. 당신도 간음하는 자가 아닙니까?
　　　　　　　　　　　　　　(요 8:1-11)　　　　• 178

17. 진리가 너희를 자유케 하리라
　　　　　　　　　　　　　　(요 8:31-47)　　　• 188

머리말

"사람이 물과 성령으로 나지 아니하면 하나님 나라에 들어갈 수 없느니라"(요 3:5). 요한복음의 키워드(key word)는 **"거듭남"**입니다. 그리고 성경에서 **"거듭남"**보다 더 중요한 개념은 없습니다. 사람이 거듭나지 아니하면 천국에 들어갈 수 없기 때문입니다.

그런데 대부분의 기독교인들은 **"거듭남이란 무엇이며, 사람이 어떻게 거듭나는지"**에 대해서 모릅니다. 거듭남이란 지옥에 갈 수밖에 없는 죄인(罪人)이 진리의 원형복음(原形福音)을 믿음으로 죄사함을 받고 의인(義人)으로 변화되는 역사입니다. 따라서 만일 당신이 아직도 마음에 죄가 있는 기독죄인(基督罪人)이라면, 당신은 거듭나지 못했다는 사실을 인정해야 합니다. 예수님을 믿고도 마음에 죄가 있는 이유는 그들이 믿는 복음이 온전하지 않기 때문입니다. 가나의 잔칫집에서 돌 항아리의 아구까지 채워진 물이 포도주로 변했듯이, 온전한 진리의 복음만이 우리를 의인으로 거듭나게 합니다.

종교 개혁은 믿음의 본질을 개혁한 것이 아니라 종교의 옷만 바꿔 입은 변혁이었습니다. 그러나 호박에 줄을 그려 넣는다고 수박이 되지 않습니다. 이제 기독교인들은 믿음의 근본을 바로잡는 **"신앙 개혁"**의 깃발 아래로 모여야 합니다. 기독교인들은 일등(一等)주의와 외식과 망상으로 가득한 종교의 마을에서 벗어나서 **"물과 피로 임"**(요일 5:6)하신 생명의 주님을 만나야 합니다. 그러면 죄와 모든 속박으로부터 해방되어 "**진리가 너희를 자유케 하리라**"(요 8:32)고 말씀하신 대로 하나님의 축복을 누리게 될 것입니다.

저자 김 사무엘 목사

육신을 입고 오신 성자(聖子) 하나님

"태초에 말씀이 계시니라 이 말씀이 하나님과 함께 계셨으니 이 말씀은 곧 하나님이시니라 그가 태초에 하나님과 함께 계셨고 만물이 그로 말미암아 지은바 되었으니 지은 것이 하나도 그가 없이는 된 것이 없느니라 그 안에 생명이 있었으니 이 생명은 사람들의 빛이라 빛이 어두움에 비취되 어두움이 깨닫지 못하더라
 하나님께로서 보내심을 받은 사람이 났으니 이름은 요한이라 저가 증거하러 왔으니 곧 빛에 대하여 증거하고 모든 사람으로 자기를 인하여 믿게 하려 함이라
 그는 이 빛이 아니요 이 빛에 대하여 증거하러 온 자라
 참빛 곧 세상에 와서 각 사람에게 비취는 빛이 있었나니 그가 세상에 계셨으며 세상은 그로 말미암아 지은바 되었으되 세상이 그를 알지 못하였고 자기 땅에 오매 자기 백성이 영접지 아니하였으나 영접하는 자 곧 그 이름을 믿는 자들에게는 하나님의 자녀가 되는 권세를 주셨으니 이는 혈통으로나 육정으로나 사람의 뜻으로 나지 아니하고 오직 하나님께로서 난 자들이니라
 말씀이 육신이 되어 우리 가운데 거하시매 우리가 그 영광을 보니 아버지의 독생자의 영광이요 은혜와 진리가 충만하더라"(요한복음 1:1-14).

 요한복음은 사도 요한이 기록한 하나님의 말씀입니다. 사도 요한은 성령님의 감동하심에 따라 요한복음과 세 권의 서신서(Epistles)인 요한일서, 요한이서, 요한삼서, 그리고 예언서인 요한계시록까지 총 다섯 권의 성경을 기록한 하나님의 종입니다. 요한

복음은 공관(共觀) 복음서인 마태복음, 마가복음 및 누가복음과는 다른 각도에서 예수님의 행적과 교훈을 기록하고 있습니다. 에스겔서 1장이나 요한계시록 4장에는 사자, 송아지, 사람, 독수리 형상의 네 생물(four living creatures)이 등장하는데, 성경 해석자들이나 신학자들은 이 네 생물을 사복음서(四福音書)와 연결해서(matching) 해석하곤 했습니다. 신학자들에 따라서 그 매칭(matching)들이 다소 차이가 있습니다만, 그들이 요한복음을 "독수리의 복음"이라고 규정하는 이유는 요한복음이 아주 높은 영적 경지에서 주님의 사역과 교훈을 조명하고 있기 때문입니다.

네 생물의 성화 (A tetramorph : 출처 Wikipedia)

요한복음의 키워드(keyword)는 무엇입니까? 요한복음 전체를 관통하면서 흐르는 키워드(key words)는 "거듭남"입니다. 다른 복음과 비교해 볼 때에, 요한복음에만 특징적으로 관통하는 주제 또는 키워드는 "하나님에게서 나다"(being born of God, 요 1:13) 또는 "다시 나다"(being born again, 요 3:5)라는 말씀입니다. 우리 모두에게 있어서 거듭남보다 더 중요한 축복은 없습니다. 육신적으로 이 땅에 태어난 모든 인생들은 죄인으로 태어나서 지옥에 갈 수밖에 없는 운명이기에, 영적으로 다시 한번 나지 못한다면 그의 삶은 실패입니다. 그런데 예수님을 믿고서도 거듭나지 못한 분들이 많습니다. 그런 이들을 기독죄인(基督罪人, Christian sinners)이라고 부릅니다. 기독죄인들의 신앙생활은 바늘에 실을 꿰지도 않은 채로 바느질을 하는 것과 같아서, 그들의 수고는 헛것입니다. 맨 바늘로 밤새 고생을 하고 손끝은 수없이 바늘에 찔려서 피를 철철 흘렸다고 한들, 그런 수고와 희생이 무슨 소용이 있겠습니까? 그러므로 거듭남이라는 요한복음의 키워드(keyword)는 우리에게 너무나도 중요합니다.

오늘의 본문 중에서도, **"이는 혈통으로나 육정으로나 사람의 뜻으로 나지 아니하고 오직 하나님께로서 난 자들이니라"**(요 1:13)는 말씀이 있습니다. **"하나님께로서 난 자들"**이 바로 거듭난 자들입니다. 모든 사람은 부모로부터 육신적으로 한 번 태어납니다. 부모로부터 조상의 **"유전한 망령된 행실"**(벧전 1:18)인 죄를 유전 받고 태어나지 않은 사람은 없습니다. 그래서 우리는 평생 동안 죄를 짓고 살 수밖에 없는 존재들이며, 죄의 삯(대가)으로 지옥에 가야 마땅한 자들입니다. 만일 지옥의 영원한 형벌로 우리의 인생이 막을 내린다면 우리는 비참한 존재들입니다.

그래서 하나님께서는 우리를 영(靈)으로 다시 나게 하셨습니다. 죄인으로 태어난 우리들이 하나님의 말씀을 믿음으로 죄 사함을 받고 의인으로 변화되는 축복이 "하나님께로부터 나는 것"이며 영적(靈的)으로 거듭나는 은혜입니다. 따라서 하나님을 믿는 우리에게 있어서 가장 소중하고 큰 축복은 거듭남의 축복입니다. 사람이 거듭나지 아니하면 아무도 하나님 나라에 들어갈 수 없기 때문입니다. 거듭나지 못한 사람은 절대로 천국에 들어가지 못하고 오히려 지옥 불에 떨어집니다.

굼벵이는 탈바꿈을 해서 매미가 됩니다. 저는 어려서 굼벵이를 많이 봤습니다. 이른 봄에 어른들이 쟁기질을 해서 밭을 뒤집으면 땅속에 숨어 살던 굼벵이들이 허옇게 드러났습니다. 큰 놈은 굵기나 길이가 검지 두 매듭만 합니다. 굼벵이의 몸은 허연데 머리 부분은 검습니다. 징그러운 벌레 굼벵이는 평생을 굼벵이로 살다가 땅속에서 죽어야 하는 미물(微物)이 아닙니다. 굼벵이는 반드시 매미가 되어야 합니다. 굼벵이로 살다가 그냥 굼벵이로 죽으면 그것은 실패한 굼벵이입니다. 몇 년간을 땅속 어두운 곳에서 자라난 굼벵이는 때가 되면 땅 밖으로 나와서는 나무에 올라가서 변태기(變態期)를 맞이합니다. 굼벵이의 온몸이 굳어지면서 변모된 성체(成體)는 곧 등을 쪼개고 매미가 되어서 나옵니다. 빛의 세상으로 처음 나온 매미가 날개를 활짝 펴는 우화(羽化)의 과정을 보고 있으면 감탄이 절로 나옵니다. 여러분도 인터넷 검색으로 "매미의 우화"에 대한 사진이나 동영상을 찾아보시면, 너무 신기하고 아름다워서 감탄이 절로 나올 것입니다.

매미의 일생 출처: https://steemitimages.com

굼벵이는 징그러운 벌레입니다. 사람들은 벌레를 보면 징그럽다고 호들갑을 떠는데, 사람이 굼벵이보다 더 더럽고 징그럽습니다. **"만물보다 거짓되고 심히 부패한 것은 마음이라 누가 능히 이를 알리요마는"**(렘 17:9)이라고 성경은 말씀합니다. 만물보다 더 거짓되고 심히 부패한 것은 사람의 마음입니다. 모든 사람은 태어날 때부터 만물보다 더 더럽고 가증한 죄를 품고서 죄인으로 태어납니다. 그래서 평생 동안 죄를 쏟아내며 살기 때문에 모든 인생들은 지옥에 떨어져야 마땅한 존재들입니다. 하나님께서는 이처럼 비참한 존재들을 사랑하셔서 죄에서 구원하시려고 당신의 외아들을 인류의 대속(代贖)의 제물로 보내 주셨습니다. 하나님의 아들인 예수님께서 우리와 같은 육신을 입고 이 땅에 오셔서 우리의 모든 죄와 허물을 깨끗이 없애 주셨습니다. 죄인이 그러한 하나님의 구원의 사역을 믿음으로 모든 죄의 사함을 받고 의인으로 변화되는 역사(役事)를 가리켜서 "다시 난다" 또는 "거듭난다"라고 말합니다.

"거듭난다"라는 말은 "죄 사함을 받는다," "구원을 받는다," "하나님의 자녀가 된다," "거룩해진다," "성령을 받는다," "영생을 얻는다," "천국에 간다"라는 말씀과 똑같은 의미입니다. 마음의 모든 죄가 깨끗이 씻어져서 죄가 전혀 없는 의인이 되는 것이 거듭남입니다. 징그러운 벌레 굼벵이가 매미가 되듯이 지옥에 가야 할 죄인이 하나님의 자녀인 의인으로 변화되는 역사가 "거듭남"입니다. 요한

복음은 "거듭남"이란 무엇인지, 사람이 어떻게 거듭날 수 있는지에 대해서 여러 사건들과 여러 교훈으로 계시해 주고 있습니다. 요한복음의 키워드(key words)는 "거듭남"입니다.

육신을 입고 오신 성자(聖子) 하나님, 예수 그리스도

"태초에 말씀이 계시니라 이 말씀이 하나님과 함께 계셨으니 이 말씀은 곧 하나님이시니라 그가 태초에 하나님과 함께 계셨고 만물이 그로 말미암아 지은바 되었으니 지은 것이 하나도 그가 없이는 된 것이 없느니라"(요 1:1-3).

다른 복음서와는 달리 요한복음은 처음부터 시적(詩的)으로 시작합니다. 태초부터 하나님 아버지와 함께 계셨던 "말씀"(the Word)은 예수님을 지칭합니다. 신약성경의 원문인 헬라어 성경에는 "말씀"(the Word)이라는 단어가 로고스(그리스어: λόγος, logos)로 기록되어 있는데, 그것은 "진리의 말씀"이라고 해석하는 것이 옳습니다.

태초부터 하나님과 함께 계셨던 "로고스"(logos, λόγος)는 하나님 아버지의 외아들, 즉 성자(聖子) 하나님입니다. 성부(聖父) 하나님, 성자(聖子) 하나님, 그리고 성령(聖靈) 하나님—이 삼위(三位)의 하나님 중에 두 번째 하나님이신 성자(聖子) 하나님이 바로 "로고스"의 하나님입니다. 태초부터 하나님 아버지와 함께 계셨고 하나님의 뜻에 순종해서 말씀으로 우주를 지으신 성자(聖子) 하나님은 원래 눈에 보이지 않는 영(靈)의 하나님입니다. 그런데 영(靈)이신 성자 하나님께서 하나님 아버지의 뜻을 받드셔서 육신을 입고 우리 가운데 오셨습니다.

"태초부터 있는 생명의 말씀에 관하여는 우리가 들은 바요 눈으로 본 바요 주목하고 우리 손으로 만진 바라 이 생명이 나타내신 바 된지라 이 영원한 생명을 우리가 보았고 증거하여 너희에게 전하노니 이는 아버지와 함께 계시다가 우리에게 나타내신 바 된 자니라"(요일 1:1-2).

예수님은 태초부터 계신 거룩한 영(靈)의 하나님입니다. "**그는 참 하나님이시요 영생이시라**"(요일 5:20)고 기록된 바, 예수님은 참 하나님이고 진리의 빛입니다. 예수님 안에는 어둠이 전혀 없습니다. 예수님 안에는 은혜와 진리가 충만했습니다. 성자(聖子) 하나님이 지금부터 2,000년 전에 아버지의 뜻을 따라서 육신을 입고 우리 가운데 오셨습니다. 거룩한 하나님께서 처녀 마리아의 몸에 성령으로 잉태되셔서, 우리와 똑같은 살과 피와 뼈를 가진 사람으로 오셨습니다. 하나님께서 그렇게 사람이 되어 오신 것은, 당신이 친히 흠 없는 어린양이 되어서 인류의 대표자인 세례 요한에게 안수의 형식으로 세례를 받기 위한 것이었습니다. 예수님께서는 받으신 세례로 인류의 모든 죄를 당신의 몸에 짊어지시고 십자가로 가셔서 "**다 이루었다**"라고 외치시고 돌아가시기까지 피를 흘리심으로 인류의 구속 사역을 온전하게 이루셨습니다.

우리는 세례 요한이 예수님께 베푼 세례의 중요성을 간과(看過)해서는 안됩니다. 그래서 요한복음은 1장 1절부터 5절까지 예수님에 대해서 소개하고, "**하나님께로서 보내심을 받은 사람이 났으니 이름은 요한이라**"(요 1:6) 하며 바로 세례 요한을 소개하고 있습니다. 그만큼 세례 요한은 중요한 인물이고, 하나님께서 우리를 모든 죄에서 구원하시는 구속의 사역에 있어서 세례 요한의 역할을 빼놓을 수 없다는 뜻입니다. 요한복음은 세례 요한에 대해서, "**그는**

빛이 아니라 참 빛인 예수 그리스도에 대하여 증거하고 모든 사람으로 자기를 인하여 믿게" 하도록 보내심을 받은 하나님의 종이라고 기록하고 있습니다.

세례 요한은 하나님께로부터 중대한 사명을 받고 보내심을 받은 하나님의 종입니다. 그의 아버지는 제사장 사가랴이고 어머니 엘리사벳도 대제사장 아론의 후손입니다. 예수님은 세례 요한을 가리켜, **"오리라 한 엘리야가 곧 이 사람이니라"**(마 11:14)고 말씀하셨고 또 **"여자가 낳은 자 중에 세례 요한보다 큰이가 일어남이 없도다"**(마 11:11)라고 증거하셨습니다. 이 말씀은 "세례 요한은 인류의 대표자"라는 뜻입니다. 그의 사역은 두 가지로 요약할 수 있습니다. 첫째는 이스라엘 백성의 마음을 하나님께로 돌리는 일이었고, 둘째는 그가 인류의 대표자로서 세상의 모든 죄를 예수님께 넘기는 사역이었습니다.

하나님께서는 심판의 날이 이르기 전에 엘리야를 보내 주시기로 약속하셨는데, 그가 바로 세례 요한입니다. **"만군의 여호와가 이르노라 보라 내가 내 사자를 보내리니 그가 내 앞에서 길을 예비할 것이요 또 너희의 구하는 바 주가 홀연히 그 전에 임하리니 곧 너희의 사모하는 바 언약의 사자가 임할 것이라 그의 임하는 날을 누가 능히 당하며 그의 나타나는 때에 누가 능히 서리요 그는 금을 연단하는 자의 불과 표백하는 자의 잿물과 같을 것이라"**(말 3:1-2). 하나님 아버지께서 구원자를 보내시기 전에, 그의 길을 예비할 종을 먼저 보내시겠다고 약속하셨습니다. 그는 **"광야에서 외치는 자의 소리"**이며 높은 산은 낮추고 낮은 골짜기는 돋우어서 왕으로 오실 예수님을 사람들이 영접할 수 있도록 백성들의 마음을 준비시키라고 보내심을 받은 하나님의 종입니다.

하나님께서는, "보라 여호와의 크고 두려운 날이 이르기 전에 내가 선지 엘리야를 너희에게 보내리니 그가 아비의 마음을 자녀에게로 돌이키게 하고 자녀들의 마음을 그들의 아비에게로 돌이키게 하리라 돌이키지 아니하면 두렵건대 내가 와서 저주로 그 땅을 칠까 하노라 하시니라"(말 4:5-6)고 구약성경의 마지막 책인 말라기서에 약속하셨습니다. 그리고 신약성경의 첫 책인 마태복음을 열면 보내시기로 약속하신 엘리야, 즉 세례 요한이 등장합니다. 이렇게 구약과 신약의 말씀은 정확하게 맞물려서 연결되어 있습니다. 성막의 앙장(仰帳)은 두 쪽으로 지어져 있는데, 그 양쪽에 각각 금으로 된 고리 50개씩이 달렸습니다. 두 폭의 앙장은 정확하게 맞물리는데, 그 둘을 50개의 금 갈고리로 연결하면 하나의 큰 앙장(仰帳)이 됩니다(출 26:5-6). 이처럼 구약의 마지막 책인 말라기서와 신약의 첫 책인 마태복음이 정확하게 연결되어서, 성막으로 계시(啓示)된 예수 그리스도의 비밀을 덮고 있는 것입니다.

하나님께로부터 보내심을 받은 종 세례 요한은 예수님께 안수의 형식으로 세례를 베풀어서 이 세상의 모든 죄를 예수님께로 다 넘겼습니다. 이것이 하나님께서 세례 요한에게 맡기신 가장 큰 사역이었습니다. 예수님께서 받으신 세례에 관한 말씀은 마태복음 3장에 자세히 기록되어 있습니다. 예수님께서는 제사장이 기름부음을 받는 나이, 즉 30살이 되었을 때에 요단강으로 나오셨습니다. 예수님은 세례 요한에게 머리를 숙이시고 "내게 세례를 베풀라"라고 요청하셨습니다. 그 순간 세례 요한은 두렵고 당황한 나머지, "**내가 당신에게 세례를 받아야 할 터인데 당신이 내게로 오시나이까**"(마 3:14) 하며 저어했습니다. 그러자 예수님께서 요한에게 아주 준엄하게 명령하셨습니다: "**이제 허락하라 우리가 이와 같이 하**

여 모든 의를 이루는 것이 합당하니라"(마 3:15).

　여러분은 이 말씀(마 3:15)의 중요성을 간과(看過)하지 말아야 합니다. 주님의 명령은, "이제 너(요한)는 내 머리에 손을 얹어라. 너는 인류의 대표자로서 내 머리에 손을 얹고, 나는 너의 안수를 받아서 내가 세상의 모든 죄를 짊어짐으로써 이 세상에는 모든 의가 이루어지게 하는 것이 하나님 아버지의 뜻이니라"라는 말씀입니다. 세례 요한은 예수님께 안수의 형식으로 세례를 베풀어서 세상의 모든 죄를 인류의 어린양으로 오신 예수님께 다 넘겼습니다. 세례 요한에게 위임된 하나님의 사역은 **"그 세례"**(행 10:37)로 끝났습니다. 그때부터 세례 요한은 제자들을 예수님께로 보내며, "그분은 하나님의 아들이시다. 나는 그분의 신들메도 풀어드릴 자격이 없다. 나는 점점 작아져야 되고 그분은 점점 커져야 된다"라고 증거했습니다.

영접하는 자란?

　"그가 세상에 계셨으며 세상은 그로 말미암아 지은바 되었으되 세상이 그를 알지 못하였고 자기 땅에 오매 자기 백성이 영접지 아니하였으나 영접하는 자 곧 그 이름을 믿는 자들에게는 하나님의 자녀가 되는 권세를 주셨으니"(요 1:10-12).

　이 세상과 우주와 그 안에 있는 만물이 다 주님의 말씀으로 생겨났습니다. 예수님은 우주 만물과 우리를 만드신 창조주 하나님입니다. 창조주 하나님께서 피조물인 우리와 똑같은 모습으로 우리를 죄에서 구원하러 메시아로 오셨는데, 사람들은 예수님을 알아보지 못했고, 메시아를 환영하기는커녕 핍박하고 죽였습니다.

기독교인들은 **"영접하는 자 곧 그 이름을 믿는 자들에게는 하나님의 자녀가 되는 권세를 주셨으니"**라는 말씀에서 "영접(迎接)한다"라는 부분을 "영접 기도를 드린다"라는 뜻으로 오해하고 있습니다. 영접 기도란 "예수님을 나의 구주로 받아들입니다"라고 고백하는 기도입니다. 복음을 전할 때에, 전도자들은 다음과 같이 간단하게 유사(類似) 복음을 전합니다. "우리는 죄를 가지고 태어나서 평생에 죄만 짓기 때문에 지옥 갈 수밖에 없습니다. 그런데 하나님께서 우리를 이처럼 사랑하셔서 당신 아들을 대속의 제물로 보내 주셨습니다. 하나님의 아들인 예수님께서는 우리 죄를 대신해서 십자가에 못 박히시고 피 흘려 돌아가셨습니다. 이제 누구든지 예수님이 내 죄를 대속하기 위해서 피 흘려 돌아가신 것을 믿으면 구원을 받습니다. 당신은 예수님을 당신의 구주로 영접하겠습니까?" 이렇게 유사(類似) 복음을 들은 이들이 "예, 영접하겠습니다" 하고 대답하면, 전도자는, "자, 그러면 저를 따라 영접 기도를 합시다" 하며 기도를 시킵니다. 그러면 그 사람은 앵무새처럼 따라서 기도를 합니다: "주님, 저는 지옥에 갈 수밖에 없는 죄인입니다. 그런데 예수님께서 저를 위해서 십자가에 못 박히시고 피 흘려 돌아가신 것을 믿습니다. 이제 저는 예수님을 나의 구원자로 영접합니다. 지금부터 영원까지 나의 구주가 되실 줄 믿습니다. 우리를 구원하신 예수님의 이름으로 기도드렸습니다. 아멘"

어떤 이가 이렇게 영접(迎接) 기도를 드리면, 그 사람은 예수님을 영접한 것입니까? 그런데 교회를 웬만큼 오래 다니고 신앙생활을 조금이라도 진지하게 한 사람이라면 영접 기도를 수없이 드렸을 것입니다. 기독교인들은 수련회 갈 때마다, 부흥회를 할 때마다, 기도원 갈 때마다 영접 기도를 드렸습니다. 저도 마음에 뜨거움이 없다고 느껴지면 다시 한번 예수님을 구주로 고백하고 영접 기도를 드렸습니다. 그런데도 그때에 제 마음에는 죄가 그대로 있었습니다. 그런 영접 기도를 드린다고 성경이 말씀하는 **"영접하는 자"**가 되는 것은 아닙니다. **"이는 혈통으로나 육정으로나 사람의 뜻으로 나지 아니하고 오직 하나님께로서 난 자들이니라"**(요 1:13)는 말씀대로, 예수님을 영접했으면 하나님께로부터 나야, 즉 거듭나야 합니다. 죄인이 성경이 말씀하는 진리의 복음을 좇아 예수님을 자기의 구주로 영접을 했으면, 마음의 모든 죄가 흰 눈처럼 깨끗이 씻어진 의인(義人)으로 거듭나야 합니다.

"영접하는 자 곧 그 이름을 믿는 자"라는 말씀에서, **"이름"**은 "본질"을 의미합니다. 따라서 성자(聖子) 하나님께서 육체를 입고 "예수"라는 이름으로 이 땅에 오셔서 인류의 모든 죄를 어떻게 없애 주셨는지를 **"알고 믿는 자"**가 **"영접하는 자"**입니다. 예수님께서는 인류의 대표자인 세례 요한에게 안수의 형식으로 받으신 세례로 우리의 모든 죄를 당신의 육체 위에 온전히 짊어지셨습니다. **"이와 같이 하여"**(마 3:15) 세상 죄를 지고 가는 하나님의 어린양이 되신 예수님은 십자가에 못 박혀서 피를 흘리시고 **"다 이루었다"**(요 19:30)라고 외치신 후에 돌아가심으로 우리의 모든 죄를 속량하셨습니다. 흠 없는 제물로 오신 성자 하나님인 예수님께서 **"물과 피로 임"**(요일 5:6)하셔서, 즉 받으신 세례와 십자가의 피로 저와 여러분의 모든 죄를 흰 눈같이 깨끗하게 씻어 주셨습니다. 그리고 이 진리의 복음을 믿는 자마다 죄 사함을 받고 **"하나님께로서 난 자"**가 되게 하셨습니다. 그런데 진리의 복음을 알지도 못하면서, 그냥 예수님을 구주로 영접(迎接)한다고 기도하면 죄 사함을 받고 의인으로 거듭날 수 있겠습니까?

사도 요한은 "대저 하나님께로서 난 자마다 세상을 이기느니라 세상을 이긴 이김은 이것이니 우리의 믿음이니라 예수께서 하나님의 아들이심을 믿는 자가 아니면 세상을 이기는 자가 누구뇨 이는 물과 피로 임하신 자니 곧 예수 그리스도시라 물로만 아니요 물과 피로 임하셨고 증거하는 이는 성령이시니 성령은 진리니라 증거하는 이가 셋이니 성령과 물과 피라 또한 이 셋이 합하여 하나이니라"(요일 5:4-8)고 증거했습니다.

거듭난 자라야 세상을 지배하는 사단 마귀의 거짓말과 유혹을 이깁니다. 거듭난 자는 "하나님의 아들이신 예수님은 물과 피로 임하셔서 우리를 모든 죄에서 깨끗이 구원해 주셨다"라는 진리의 원형복음(原形福音), 즉 **"그(주님의) 이름을 믿는 자"**들입니다. 사도들과 제자들이 주님께로부터 친히 받았던 원형(原形)의 복음을 온전히 믿는 자만이 죄 사함 받고 의인으로 거듭나서 하나님의 자녀가 됩니다.

자, 여러분은 예수 그리스도의 **"그 이름"**을 믿어서 거듭났습니까? 여러분의 마음에 죄가 있습니까, 없습니까? 주님의 이름을 좇아서 진리의 원형복음을 믿는 자는 마음에 흰 눈같이 죄 사함을 받고 의인이 됩니다. 주님께서 육신을 입고 **"물과 피"**로 임하셔서, 우리를 모든 죄와 허물에서 구원하신 의의 사역을 믿는 자는 **"결코 정죄함"**이 없습니다(롬 8:1).

그런데 대부분의 기독교인들은 진리의 원형복음(原形福音)을 모르기 때문에, 그냥 영접 기도를 드리면 하나님의 자녀가 된다고 생각합니다. 천만의 말씀입니다. 영접 기도를 백만 번 해 보십시오. 그런 기도로 마음에 죄 사함을 받고 의인(義人)으로 거듭날 수 있습니까? 결코 그럴 수 없습니다.

요한복음의 키워드(keyword)는 "거듭남"입니다. 요한복음은 우리에게 가장 소중한 축복인 "거듭남"의 비밀을 명확히 계시하고 있습니다. 우리에게 이 귀한 진리의 복음을 주시고 믿게 하셔서 죄 사함을 받고 의인으로 거듭나게 하신 주님께 감사와 찬양을 드립니다.

할렐루야!

예수님의 조력자요 증거자인 세례 요한

"유대인들이 예루살렘에서 제사장들과 레위인들을 요한에게 보내어 네가 누구냐 물을 때에 요한의 증거가 이러하니라 요한이 드러내어 말하고 숨기지 아니하니 드러내어 하는 말이 나는 그리스도가 아니라 한대 또 묻되 그러면 무엇, 네가 엘리야냐 가로되 나는 아니라 또 묻되 네가 그 선지자냐 대답하되 아니라 또 말하되 누구냐 우리를 보낸 이들에게 대답하게 하라 너는 네게 대하여 무엇이라 하느냐 가로되 나는 선지자 이사야의 말과 같이 주의 길을 곧게 하라고 광야에서 외치는 자의 소리로라 하니라 저희는 바리새인들에게서 보낸 자라 또 물어 가로되 네가 만일 그리스도도 아니요 엘리야도 아니요 그 선지자도 아닐찐대 어찌하여 세례를 주느냐 요한이 대답하되 나는 물로 세례를 주거니와 너희 가운데 너희가 알지 못하는 한 사람이 섰으니 곧 내 뒤에 오시는 그이라 나는 그의 신들메 풀기도 감당치 못하겠노라 하더라 이 일은 요한의 세례 주던 곳 요단강 건너편 베다니에서 된 일이니라

이튿날 요한이 예수께서 자기에게 나아오심을 보고 가로되 보라 세상 죄를 지고 가는 하나님의 어린 양이로다 내가 전에 말하기를 내 뒤에 오는 사람이 있는데 나보다 앞선 것은 그가 나보다 먼저 계심이라 한 것이 이 사람을 가리킴이라 나도 그를 알지 못하였으나 내가 와서 물로 세례를 주는 것은 그를 이스라엘에게 나타내려 함이라 하니라 요한이 또 증거하여 가로되 내가 보매 성령이 비둘기 같이 하늘로서 내려와서 그의 위에 머물렀더라 나도 그

를 알지 못하였으나 나를 보내어 물로 세례를 주라 하신 그이가 나에게 말씀하시되 성령이 내려서 누구 위에든지 머무는 것을 보거든 그가 곧 성령으로 세례를 주는 이인줄 알라 하셨기에 내가 보고 그가 하나님의 아들이심을 증거하였노라 하니라"(요한복음 1:19-34).

예수님의 구원 사역에 있어서 빛나는 조력자인 세례 요한

오늘의 본문은 우리에게 "세례 요한은 누구이며, 그가 행한 일은 무엇인가"에 대해서 말씀합니다. 세례 요한은 성경에서 매우 중요한 인물입니다. 세례 요한은 수많은 이스라엘 백성들에게 세례를 베풀었고 또 예수님께 세례를 베풀었기 때문에 그를 가리켜 세례 요한이라고 부릅니다. 성경의 주인공은 예수님입니다. 예수님 외에 성경에 기록된 인물들은 모두 조연(助演)들입니다. 성경에 얼마나 많은 사람들이 등장합니까? 아담과 하와, 가인과 아벨, 노아와 그의 가족들, 아브라함과 이삭과 야곱, 모세와 아론, 여호수아와 삼손 같은 수많은 사사(士師)들, 사울 왕과 다윗 왕 그리고 남북 왕조의 왕들, 이사야에서 말라기까지의 선지자들, 신약성경에 기록된 요셉과 마리아, 세례 요한, 주님의 사도들과 제자들, 바리새인과 서기관들, 세리와 창녀들, 병자와 불구자들 등등—무수한 등장인물이 성경에 기록되어 있습니다. 그런데 성경의 주인공이신 예수님을 **빼놓고는**, 그 많은 인물들이 다 성경이라는 구원의 드라마에서 조연(助演)들입니다.

그중에서 세례 요한은 예수님께서 자신을 한 영원한 제물로 드리셔서 인류를 죄에서 구원하신 사역에 있어서 중요한 조력자였습니다. 하나님께서는 세례 요한이라고 하는 인류의 대표자를 세우셔서 주님의 구원 사역에서 없어서는 안 될 조연(助演)으로 삼으셨습니다. 우리나라에서 천만 관중을 기록한 영화들이 여러 편 있습니다. 그런 천만 관중의 영화들은 스토리가 탄탄하고 주인공의 연기도 뛰어나지만, 반드시 빛나는 조연들이 있었다는 공통점이 있습니다. 하나님께서 기록해 주신 성경이라는 구원의 드라마에서 유일한 주인공은 우리의 구주이신 예수 그리스도입니다. 그리고 성경의 수많은 조연(助演)들 중에 가장 빛나는 조연은 바로 세례 요한입니다. 또한 그는 예수님을 사람들에게 소개해서 그들이 예수님을 믿게 한 증거자였습니다. 세례 요한은 예수님이 베푸신 구원 사역의 결정적인 조력자이고 동시에 예수님에 대한 가장 정확한 증거자였습니다.

구약시대의 마지막 선지자인 말라기(Malchi) 이후에 400여 년 동안 이스라엘에는 하나님의 말씀을 전하는 선지자가 없었습니다. 영적으로 칠흑 같은 흑암의 시대에 하나님께로부터 보내심을 받은 종이 혜성처럼 등장했는데, 그가 바로 세례 요한입니다. 세례 요한은 제사장 사가랴의 아들로 태어나서 어려서부터 "나실인"으로 구별된 삶을 살았습니다. 그는 광야에 거하면서 이스라엘 백성들에게 하나님의 말씀을 대언(代言)했습니다. 그가 **"회개하라 천국이 가까이 왔다"**라고 외치자 이스라엘 백성들은 그에게 나아와서 자기의 죄악을 시인하고 물로 세례를 받았습니다. 세례 요한은 자기의 죄를 고백하고 하나님의 구원을 바라는 자들에게 "회개의 표"로 세례를 베풀면서 예수 그리스도를 증거했습니다. "너희 가운데 구원자(메시야)가 이미 와 계신다. 나도 그분이 누구신지 아직은 모른

다. 그러나 나를 보내서 물로 세례를 주라 하신 하나님께서 내가 어떤 분에게 세례를 베풀 때에 성령이 비둘기처럼 그 위에 머무는 것을 보거든 그가 바로 메시아인 줄 알라고 말씀하셨다"—세례 요한은 자기의 죄악을 돌이키고 구원을 바라며 하나님께 돌아온 자들에게 요단강에서 물로 세례를 베풀면서 그들에게 이렇게 증언했습니다.

세례 요한은 백성들에게 인기가 많았습니다. 많은 백성들이 그에게 나아가서 말씀을 듣고 회개하여 그를 따르는 것을 보고, 예루살렘의 종교지도자들은 위기감을 느꼈습니다. 세례 요한을 그대로 방치했다가는 자기들의 지위와 권세를 잃어버리게 될 것만 같았습니다. 그래서 사람들을 보내서 "너는 도대체 누구냐? 하며 세례 요한을 다그쳤습니다. 그들은 먼저 "네가 그리스도냐?" 하고 물었습니다. "그리스도"란 메시아, 즉 구원자라는 뜻입니다. 세례 요한은 "나는 그리스도가 아니다"라고 대답했습니다. 그들은 "그러면 네가 엘리야냐?" 하고 세례 요한에게 다시 물었습니다. 엘리야는 이스라엘의 선지자 중에서 대표자입니다. 그는 갈멜산에서 하나님의 놀라운 능력을 보여 주었고, 죽음을 맛보지 않고 불병거를 타고 승천했습니다. 또한 하나님께서 구약의 마지막 예언서인 말라기서에 "**보라 여호와의 크고 두려운 날이 이르기 전에 내가 선지 엘리야를 너희에게 보내리니 그가 아비의 마음을 자녀에게로 돌이키게 하고 자녀들의 마음을 그들의 아비에게로 돌이키게 하리라**"(말 4:5-6)고 약속하셨기 때문에, 이스라엘 백성들은 하나님의 약속을 따라 "**오리라 한 엘리야**"를 기다리고 있었습니다. 그러나 세례 요한은 "나는 오리라 한 엘리야가 아니다"라고 대답했습니다.

그들은 세례 요한에게 "그러면 네가 그 선지자냐?"라고 마지막으로 물었습니다. 하나님께서 모세에게 "내가 이후에 너와 같은 선지자를 하나 일으켜서 이스라엘 백성의 목자가 되게 하겠다. 너희가 그의 말을 들으면 살 것이고 그의 말을 듣지 않으면 너희들은 망할 것이다"라고 말씀하셨습니다(신 18:18-19). 따라서 약속하신 **"그 선지자"**는 바로 예수님입니다. 당시의 이스라엘 백성들은 그리스도, 엘리야, 또는 **"그 선지자"**를 기다리고 있었습니다. 유대인들은 로마의 식민통치에 허덕이면서 자기들을 구원해 줄 메시아가 오기를 간절히 대망(待望)하고 있었습니다. 예루살렘의 종교지도자들은 세례 요한을 넘어뜨릴 빌미를 얻으려고 그에게 사람들을 보내서 연속적으로 질문을 던졌지만, 세례 요한은 그들에게, **"나는 선지자 이사야의 말과 같이 주의 길을 곧게 하라고 광야에서 외치는 자의 소리로라"**(요 1:23)라고 대답했습니다.

세례 요한의 보편적(普遍的) 사역은 이스라엘 백성들이 구원자로 오실 하나님의 아들을 믿고 받아들일 수 있도록 그들의 마음을 준비시키는 일이었습니다. 그래서 높은 산처럼 교만한 자들의 마음은 낮추고, 낮은 골짜기처럼 절망감과 비굴함에 빠져서 자포자기한 자들의 마음은 북돋아 주어서 오실 주님을 간절히 대망(待望)하게 했습니다. 그는 광야에서 하나님의 말씀을 외치면서 이스라엘 백성들이 자기의 악한 모습을 시인하고 하나님께로 돌이키도록 그들을 인도했습니다. 그리고 요한은 진정으로 돌이킨 자들에게 회개의 표로 물로 세례를 베풀면서 오실 메시아를 기다리라고 권면했습니다.

요한이 예수님께 베푼 세례의 능력

그때에 예수님께서 세례 요한에게 세례를 받으시려고 요단강으로 나오셨습니다. 세례 요한은 예수님께서 자기에게 가까이 오시는 것을 보고 "아! 이분이구나!" 하고 깨달았습니다. 세례 요한은 "저분이 바로 모든 인류의 죄를 단번에 넘겨받기 위해서 안수의 형식으로 나에게 세례를 받으러 오신 하나님의 아들이로구나" 하고 깨닫자 두려워서 어쩔 줄 몰랐습니다. 그래서 그는 엉겁결에, **"내가 당신에게 세례를 받아야 할 터인데 당신이 내게로 오시나이까"** 하고 예수님께 머리를 조아렸습니다. 그러자 예수님은 세례 요한에게 아주 준엄하게 명령하셨습니다: **"이제 허락하라 우리가 이와 같이 하여 모든 의를 이루는 것이 합당하니라"**(마 3:15).

"이제 허락하라 우리가 이와 같이 하여" 라는 주님의 말씀은 **"이제 너(요한)는 내 머리에 손을 얹어라"** 라는 뜻입니다. 구약의 대속죄일(大贖罪日, the Day of Atonement)에 대제사장은 이스라엘 백성을 대표해서 아사셀 염소의 머리에 안수했습니다. 그 안수로 이스라엘 백성의 일 년 치 죄를 단번에 그 염소에게 넘겼습니다. **"이와 같이 하여"** 아사셀 염소는 이스라엘 백성 전체의 일 년 치 죄를 짊어지고 광야에 버려져서 죽었습니다. 구약의 대속죄일의 제사는 **"장차 오는 좋은 일의 그림자"**(히 10:1)였습니다. 하나님의 아들이신 예수님께서 인류의 죄를 단번에 담당할 흠 없는 어린양으로 우리 가운데 오셨습니다. 주님은 대제사장 아론의 후손이며 인류의 대표자인 세례 요한에게 안수의 형식으로 세례를 베풀라고 명령하셨습니다. 요한은 예수님의 명령에 순종해서 예수님께 안수(按手)의 형식으로 세례를 베풀었습니다. 요한의 안수를 받은 채로 예수님은 물에 푹 잠기셨다가 일어나셨습니다. 그 순간 성령이 비둘기처럼 예수님 위에 임했습니다. 그리고 하늘로부터 **"이는 내 사랑하는 아들이요 내 기뻐하는 자라"**(마 3:17)는 하나님 아버지의 음성이 들렸습니다.

　예수님이 세례 요한에게 세례를 받으신 일은 하나님의 구원의 역사에 있어서 가장 중요하고 필수적인 사역입니다. 세례는 안수(按手)의 형식으로 베푸는 것인데, 세례 요한은 여자의 몸에서 난 자 중에 가장 큰 자, 즉 인류의 대표자입니다. 이제 인류의 대표자인 세례 요한이 인류의 모든 죄를 짊어지러 어린양으로 오신 하나님의 아들인 예수님께 안수의 형식으로 세례를 베풀어서 물에 푹 잠갔다가 일으켰습니다. 안수는 죄를 넘기는 하나님의 공의(公義)한 법입니다. 구약시대의 대제사장이 아사셀 염소의 머리에 손을 얹어서 이스라엘 백성의 일 년 치 죄를 단번에 넘겼던 그 사건을 통해서 계시된 구원의 방법이 안수의 규례(規例)입니다. 인류의 대표자인 세례 요한이 하나님의 어린양으로 오신 예수님의 머리에 안수했을 때에, 인류 전체의 죄가 단번에 예수님께로 넘어갔습니다. 하나님은 시간과 공간을 초월해서 일하시는 전능(全能)한 신(神)입니다. 창세 이후로부터 세상 종말까지의 모든 인류의 죄와 허물이 인류의 대표자인 세례 요한의 어깨와 팔을 타고 예수님께로 온전히 넘어갔기 때문에, 이제 예수님은 "세상 죄를 지고 가는 하나님의 어린양"이 되셨습니다.

예수님께서 "세상 죄를 지고 가는 하나님의 어린양"이 되신 비밀

　"이튿날 요한이 예수께서 자기에게 나아오심을 보고 가로되 보라 세상 죄를 지고 가는 하나님의 어린 양이로다"(요 1:29).
　"세상 죄"란 아담에서부터 세상 끝까지 이 세상에서 살았거나 살고 있거나 앞으로 태어날 모든 사람들의 죄를 의미합니다. 그러면 저와 여러분의 모든 죄는 이 **"세상 죄"**에 포함됩니까, 포함되지 않습니까? 포함됩니다. 예수님께서 세례를 받으실 때에 저와 여러분의 과거와 현재와 미래의 모든 죄는 예수님께로 온전히 넘어갔습니다. 그때에 하나님의 공의한 능력으로 세상 죄가 예수님께로 다 넘어갔기에, 예수님은 **"세상 죄를 지고 가는 하나님의 어린양"**이 되셨습니다. 예수님은 세상 죄를 짊어지고 십자가로 가셨습니다. 주님은 저와 여러분이 심판받고 죽어야 할 그 자리에 우리를 대신해서 십자가에 못 박히셨습니다. 그리고 주님은 여섯 시간 동안이나 십자가에 매달려서 절규하시면서 온몸의 피를 다 쏟으셨습니다. 주님은 당신의 피로써 우리의 죗값을 다 치러 주시고 마지막에 **"다 이루었다"**(요 19:30)라고 크게 외치시고 돌아가셨습니다.

이것이 바로 하나님의 아들인 예수님이 우리를 지극히 사랑하셔서 당신의 생명으로 우리의 죄를 대속(代贖)하신 구원의 사역입니다. 예수님은 우리를 극진히 사랑하셨기에, 우리를 죄에서 구원하시려고 당신의 육체를 제물로 삼아 **"한 영원한 제사"**(히 10:12)를 드려 주셨습니다. 흠 없는 제물이 되기 위해 육신을 입고 오신 성자(聖子) 예수님은 구약의 속죄 제사의 원리대로 안수의 형식으로 세례를 받아서 인류의 모든 죄와 허물을 단번에 담당하시고 십자가의 피로 그 모든 죄를 도말(塗抹)하셨습니다. 이와 같이 주님은 세례 요한을 구원의 조력자(助力者)로 삼으셔서 세상 죄를 담당하셨고, 또 그를 구원자 당신의 증거자로 삼으셨습니다.

세례 요한은 광야에서 "회개하라. 하나님의 나라가 가까이 왔다"라고 외치면서 **"의의 도(道)"**를 전했습니다. **"의의 도"**란 "하나님의 의를 얻는 길" 즉 복음을 의미합니다. 세례 요한은 진정으로 회개한 백성들에게 회개의 표로 물세례를 주면서 **"의의 도"**를 전했습니다. "너희들 가운데 이미 한 분이 와 계신데, 그분이 세상 죄를 짊어지기 위해서 너희들처럼 안수의 형식으로 세례를 받을 것이다. 나도 그분이 누구신지 아직은 모른다. 너희는 그분이 오시거든 그분을 구세주로 믿어야 한다." 세례 요한은 이렇게 **"의의 도"**를 전하면서 백성들에게 세례를 베풀었습니다. 세례 요한이 베푼 세례는 진정으로 돌이켜서 예수 그리스도를 구주로 마음에 받아들이겠다고 고백한 자들에게 베푼 회개의 표(標)였습니다. 그래서 사람들에게 회개한 표로 준 그 세례를 "회개의 세례"라고 부릅니다. 예수님께서도 당신을 믿지 않는 바리새인들과 서기관들을 책망하시면서, **"요한이 의의 도로 너희에게 왔거늘 너희는 저를 믿지 아니하였으되 세리와 창기는 믿었으며 너희는 이것을 보고도 종시 뉘우쳐 믿지 아니하였도다"**(마 21:32)라고 말씀하심으로써, 요한이 의의 복음을 전했음을 증거하셨습니다.

"요한이 또 증거하여 가로되 내가 보매 성령이 비둘기 같이 하늘로서 내려와서 그의 위에 머물렀더라 나도 그를 알지 못하였으나 나를 보내어 물로 세례를 주라 하신 그이가 나에게 말씀하시되 성령이 내려서 누구 위에든지 머무는 것을 보거든 그가 곧 성령으로 세례를 주는 이인줄 알라 하셨기에 내가 보고 그가 하나님의 아들이심을 증거하였노라 하니라"(요 1:32-34).

예수님은 "물과 피로 임"(요일 5:6)하셔서 우리의 모든 죄를 없애 주셨습니다. 예수님은 죄로 인해 지옥에 갈 수밖에 없었던 우리의 모든 죄를 깨끗이 씻어서 흰 눈같이 죄가 없는 의인으로 거듭나게 하시려고 이 땅에 오신 하나님의 아들입니다. 흠 없는 제물로 오신 예수님은 인류의 대표자인 세례 요한에게 안수(按手)의 형식으로 세례를 받으셔서 **"세상 죄를 지고 가는 하나님의 어린양"**이 되셨습니다. 주님은 인류의 모든 죄를 짊어지고 십자가에 못 박히셔서 **"다 이루었다"**라고 외치시고 돌아가시기까지 우리의 죄를 대속(代贖)하셨습니다.

"증거하는 이가 셋이니 성령과 물과 피라 또한 이 셋이 합하여 하나이니라"(요일 5:8). 성령님은 예수님이 흠 없는 제물로 이 땅에 오신 하나님의 아들이라고 증거합니다. 물은 예수님이 인류의 대표자인 세례 요한에게 안수의 형식으로 받으신 세례로 우리의 모든 죄가 예수님에게 다 넘어갔다고 증거합니다. 피는 예수님께서 십자가에 못 박혀서 우리의 죄를 온전히 대속하셨다고 증거합니다. 이 세 가지 증거를 다 가진 복음이 진리의 원형복음(原形福音)입니다.

"내가 진실로 너희에게 말하노니 여자가 낳은 자 중에 세례 요한보다 큰이가 일어남이 없도다 그러나 천국에서는 극히 작은 자라도 저보다 크니라 세례 요한의 때부터 지금까지 천국은 침노를 당하나니 침노하는 자는 빼앗느니라 모든 선지자와 및 율법의 예언한 것이 요한까지니 만일 너희가 즐겨 받을찐대 오리라 한 엘리야가 곧 이 사람이니라"(마 11:11-14).

세례 요한은 인류의 대표자이고 또 대제사장 아론의 직계(直系) 후손입니다. 세례 요한은 인간의 의로도 인류 중에 으뜸이었습니다. 그러나 인간의 의가 아무리 커도 그 의로는 결코 천국에 들어갈 수 없습니다. 세례 요한도 예수님께서 받으신 세례와 십자가의 피를 믿어서 죄 사함을 받고 천국에 들어갈 수 있었습니다. 세례 요한이 예수님께 세례를 베푼 때부터 천국 문은 활짝 열렸습니다. 이제 누구든지 담대한 믿음으로 열린 천국 문에 뛰어들어가는 자는 천국을 차지합니다. 흠정역(欽定譯) 성경은 마태복음 11장 12절의 말씀을, "**세례 요한의 때부터 지금까지 천국은 폭력을 당하나니, 폭도들은 힘으로 천국을 차지하느니라**"(And from the days of John the Baptist until now the kingdom of heaven suffereth violence, and the violent take it by force)고 번역하고 있습니다. 마치 폭도들(the violent)이 어떤 집이든 용맹하게 쳐들어가서 무자비하게 재물을 강탈하듯이, 주님의 세례를 믿는 자들은 천국을 용감하게 쳐들어가서 차지합니다.

세례 요한의 가장 중요한 사역은 주님께 세례를 베풀어서 세상 죄를 주님께 넘긴 사역입니다. 그 사역이 세례 요한을 주님의 구원 사역에 있어서 빛나는 조력자(助力者)가 되게 했습니다. 세례 요한은 예수님께 세례를 베푼 후에는 안드레나 요한 같은 자기의 제자들조차 모두 예수님께로 보냅니다. 이제 그는 자기의 사명을 완수했기 때문에, "그분은 점점 커져야 하고 나는 점점 작아져야 하리라" 하며 자기의 사역을 접었습니다. 그리고 그는 헤롯 대왕의 잘못을 정면으로 책망하다가 감옥에 갇혔고 끝내 참수를 당해서 생을 마감했습니다.

세례 요한은 예수님의 구원 사역의 조력자였고, 또한 그는 "예수님이 우리의 구원자"라고 증거했습니다. 우리는 세례 요한과 그의 믿음을 귀하게 여기고 그의 사역의 중요성을 제대로 깨달아야 합니다.

이튿날 요한이 예수께서
자기에게 나아오심을 보고 가로되
보라 세상 죄를 지고 가는
하나님의 어린 양이로다
(요 1:29)

율법 앞에서 정직한 자라야 얻는 구원

"이튿날 예수께서 갈릴리로 나가려 하시다가 빌립을 만나 이르시되 나를 좇으라 하시니 빌립은 안드레와 베드로와 한 동네 벳새다 사람이라 빌립이 나다나엘을 찾아 이르되 모세가 율법에 기록하였고 여러 선지자가 기록한 그이를 우리가 만났으니 요셉의 아들 나사렛 예수니라 나다나엘이 가로되 나사렛에서 무슨 선한 것이 날 수 있느냐 빌립이 가로되 와 보라 하니라
예수께서 나다나엘이 자기에게 오는 것을 보시고 그를 가리켜 가라사대 보라 이는 참 이스라엘 사람이라 그 속에 간사한 것이 없도다 나다나엘이 가로되 어떻게 나를 아시나이까 예수께서 대답하여 가라사대 빌립이 너를 부르기 전에 네가 무화과나무 아래 있을 때에 보았노라 나다나엘이 대답하되 랍비여 당신은 하나님의 아들이시요 당신은 이스라엘의 임금이로소이다
예수께서 대답하여 가라사대 내가 너를 무화과나무 아래서 보았다 하므로 믿느냐 이보다 더 큰 일을 보리라 또 가라사대 진실로 진실로 너희에게 이르노니 하늘이 열리고 하나님의 사자들이 인자 위에 오르락 내리락하는 것을 보리라 하시니라"(요한복음 1:43-51).

"나다나엘"이라는 이름은 "하나님께서 주셨다"라는 뜻입니다. 나다나엘은 벳새다 출신인 빌립의 친구입니다. 빌립이 먼저 예수님을 만난 후에 친구인 나다나엘에게, "모세가 율법에 기록하였고 여러 선지자가 기록한 그이를 우리가 만났으니 요셉의 아들 나사렛 예수니라" 하며 기쁜 소식을 전했습니다. 빌립은 나다나엘에게 "나

사렛 예수님은 모세를 비롯해서 모든 선지자들이 약속했던 메시아"라고 소개한 것입니다. 예수님은 나다나엘을 제자로 부르셨습니다.

모세를 비롯한 선지자들은 장차 인류를 죄에서 구원할 메시아를 보내 주시리라신 하나님의 약속을 믿고 전했습니다. 예수님이 이 땅에 태어나기 약 700여 년 전에 활동했던 이사야 선지자는 **"보라 처녀가 잉태하여 아들을 낳을 것이요 그 이름을 임마누엘이라 하리라"**(사 7:14)고 예언했습니다. "**임마누엘**"은 "하나님께서 우리와 함께 하신다"라는 뜻입니다. 그 약속의 말씀 그대로, 성자(聖子) 하나님께서 성령의 능력으로 처녀 마리아의 태중에 잉태되셔서 "사람의 아들"(人子)로 오셨습니다. 하나님이 우리와 같은 육신을 입고 **성육신(成肉身, Incarnation)**하셨습니다.

영이신 하나님께서 왜 육신을 입고 이 땅에 오셨습니까? 이사야 선지자는 "성자(聖子) 하나님께서 성육신(成肉身)하셔서 우리 가운데 오실 것인데, 그분은 당신의 육체에 우리의 모든 죄와 허물을 짊어지고 우리를 대신해서 채찍에 맞고 못에 찔려서 피를 흘리심으로 우리를 죄에서 구원하실 것이다"라고 대언(代言)했습니다. **"그가 찔림은 우리의 허물을 인함이요 그가 상함은 우리의 죄악을 인함이라 그가 징계를 받음으로 우리가 평화를 누리고 그가 채찍에 맞음으로 우리가 나음을 입었도다 우리는 다 양 같아서 그릇 행하여 각기 제 길로 갔거늘 여호와께서는 우리 무리의 죄악을 그에게 담당시키셨도다"**(사 53:5-6). 이사야는 대략 BC 700년 경에 활동했던 예언자인데, 놀랍게도 그는 하나님께서 당신의 아들을 보내셔서 행하실 구원의 역사를 정확하게 예언했습니다. 이처럼 모세를 비롯한 모든 하나님의 종들이 성령의 감동으로 예언한 대로 메시아가 오셨습니다. 빌립은 친구인 나다나엘에게 "오시기로 예언된 그분이 바로 요셉의 아들 나사렛 예수다"라고 소개를 했습니다.

나다나엘은 **"나사렛에서 무슨 선한 것이 날 수 있느냐"** 하고 빌립에게 반문했습니다. 나다나엘은 무화과나무 아래 앉아서 하나님의 말씀을 깊이 상고하던 사람입니다. 그래서 그리스도, 즉 메시아는 다윗의 고향인 베들레헴에서 태어나실 것이라는 사실을 알고 있었습니다. 예수님은 갈릴리 지방의 나사렛 마을에서 자라나셨지만, 태어나신 곳은 분명 베들레헴입니다. 빌립은 반신반의하는 친구 나다나엘을 데리고 예수님께로 갔습니다. 예수님은 나다나엘을 보시고 **"이는 참 이스라엘 사람이라 그 속에 간사한 것이 없도다"** 라고 말씀하셨습니다. 나다나엘이 엉겁결에, "어떻게 나를 아시나이까?" 하자, 예수께서, **"빌립이 너를 부르기 전에 네가 무화과나무 아래 있을 때에 보았노라"** 하고 말씀하셨습니다. 예수님은 나다나엘을 방금 전에 처음 보신 것이 아니라, 태초 전부터 그를 속속들이 아시는 하나님이십니다. 하나님은 영원하시고 전지전능하신 하나님이기 때문에 인류의 역사 전체를 다 알고 계시며 우리 개개인의 머리카락까지 센 바 되십니다. 하나님께서는 우리가 어머니의 뱃속에서 형성되기도 전에 이미 우리를 아셨습니다.

예수님께서 나다나엘의 마음속에 **"간사"** 가 없다고 말씀하셨는데, 간사(guile, KJV)라는 단어는 "간교한 속임수" 또는 "교활함"이라는 뜻입니다. 우리가 하나님 앞에서 간교한 속임수를 쓰거나 교활한 거짓말을 한다면 그것은 어리석은 짓입니다. 하나님은 전지전능(全知全能)한 신(神)입니다. 사람들끼리는 서로 속일 수 있지만 하나님은 절대로 사람에게 속지 않습니다. 아나니아와 삽비라 부부가 하나님 앞에서 간사를 떨다가 죽임을 당했습니다.

예수님께서는 빌립이 나다나엘을 데리고 온 후에 나다나엘을 알아본 것이 아니라 창세전부터 이미 나다나엘을 아셨습니다. 하나님은 나와 여러분들을 속속들이 아십니다. 주께서는 내 모든 것을 속속들이 아십니다. 하나님께서는 우리의 앉고 일어섬을 아시며 우리가 새벽 날개 치며 바다 끝으로 피해서 거기에 거할지라도 우리는 하나님의 눈길을 피할 수 없습니다. 그래서 주님은 "네가 부름을 입기 전에도 내가 너를 알았고, 네가 무화과나무 아래 있을 때에도 내가 너를 보았노라"라고 나다나엘에게 말씀하신 것입니다. 그러므로 하나님의 불꽃 같은 눈앞에서 우리는 겸손하고 정직해야 합니다. "무화과나무 아래 있다"라는 말은 "율법을 연구한다"라는 뜻으로 쓰이는 관용구(慣用句)입니다. 예수님이 자기를 속속들이 알고 계시는 분이심을 깨달은 나다나엘은 **"랍비여 당신은 하나님의 아들이시요 당신은 이스라엘의 임금이로소이다"** 하고 고백했습니다. 이 말은 "예수님은 하나님의 아들이시고 다윗의 위를 이어받아서 영원토록 이스라엘의 왕이 되실 분"이라는 나다나엘의 신앙고백이었습니다. 마음이 정직한 나다나엘을 주님께서 부르셔서 당신의 제자로 삼아주셨습니다.

마음이 정직한 자를 구원하시는 하나님

어떤 사람이 주님을 만날 수 있습니까? 마음이 정직한 자라야 자기의 비참한 실존(實存)을 깨닫고 영생을 사모함으로 주님을 만납니다. 사람은 자기가 얼마나 비참한 존재인지를 깨달아야만 천국에 소망을 두고 하나님을 간절히 찾게 됩니다. 대부분의 사람들은 자기가 대단한 존재인 줄 압니다. 자기 힘으로 얼마든지 이 세상을 헤쳐나갈 수 있고 얼마든지 행복하게 살 수 있다고 자신합니다. 그러나 우리의 실상은 그렇지 않습니다.

첫째, 우리의 수명(壽命)은 아주 짧습니다. 우리 수명은 다해 봐야 양초 한 자루에 불과합니다. 양초에 불을 붙이면 조용히 타들어 가서 점점 짧아지다가 끝내 꺼집니다. 우리가 이 땅에 "으앙" 하고 울음을 터뜨리고 태어나서부터 우리 생명의 양초는 타들어 갑니다. 각자의 수명에서 남은 동가리를 여생(餘生)이라고 합니다. 한 자루의 양초가 다 타면 꺼지듯이, 여생은 점점 짧아지다가 끝내 죽습니다. 우리가 교육을 받고 난 후에 각자 독립해서 성인(成人)으로 자기의 삶을 사는 년수를 60년으로 가정한다면, 그것은 다해 봤자 720달입니다. 720개월짜리 우리의 인생은 아무것도 아닙니다. 우리는 참으로 허망하고 연약한 존재들입니다.

그래서 지혜로운 사람은 자기의 죽음을 늘 생각합니다. **"지혜자의 마음은 초상집에 있으되 우매자의 마음은 연락하는 집에 있느니라"**(전 7:4). 지혜로운 사람은 머지않아 맞이할 자기의 죽음을 늘 생각하고 자기가 얼마나 허망한 존재인지를 잊지 않습니다. 지혜자는 자기가 죽은 후에는 어떻게 될 것인지를 진지하게 생각합니다. 사람이 죽으면 끝이 아닙니다. 하나님께서 우리 인생들을 당신의 형상대로 만드셨기 때문에, 우리는 짐승들과는 달리 영적(靈的)인 존재입니다. 짐승에게는 영(靈)이 없지만 사람에게는 영이 있습니다. 이 그릇에 물이 담겨 있듯이 우리 육체라는 질그릇 안에는 하나님의 영이 담겨 있습니다. 또한 우리는 하나님처럼 영생(永生)하는 존재들입니다. 우리의 영은 영생불멸(永生不滅)합니다. 우리의 육체가 한 번 죽는 것은 하나님께서 정(定)하신 일입니다. 그리고 **"죄의 삯은 사망"(롬 6:23)**입니다. 죄 사함을 받지 못한 죄인(罪人)은 반드시 하나님의 심판을 받고 지옥에 갑니다. 그러나 진리의 복음을 믿어서 죄 사함을 받고 거듭난 의인(義人)들은 부활의 몸을 입고 영원한 천국에 들어갑니다. 그것이 하나님께서 정하신 구원의 법입니다.

누가복음 16장에는 부자와 거지 나사로에 관한 말씀이 기록되어 있습니다. 나사로라는 거지는 부잣집 대문 곁에 앉아서 부자의 상에서 떨어지는 음식물 쓰레기나 주워 먹고 연명하였는데, 온몸에는 헌데가 나서 개들이 그 상처를 핥았습니다. 부자의 눈에는 나사로가 참으로 불행하고 비참하게 보였지만, 사실 나사로는 극한 고난 중에서 영생을 사모하며 하나님을 찾았고 결국 하나님을 만났습니다. 그래서 나사로는 죽은 후에 아브라함의 품에 안겨서 천국의 복락을 누리게 되었습니다. 반면에 부자는 아무 부족함이 없었기에 이 땅에서 사는 동안 영생(永生)을 사모하지도 않았고 하나님을 찾지도 않았습니다. 돈이나 명예나 권세가 많은 유력한 자들은 천국에 들어가기가 마치 낙타가 바늘귀로 들어가는 것보다 힘들다고 예수님께서 말씀하셨습니다. 자기의 의가 충만한 영적인 부자들은 죄 사함을 받기가 더더욱 어렵습니다. 그러나 이 땅에서 고난을 겪으면서 자기의 비참함과 연약함을 깨달은 사람들은 이 땅에 소망을 두지 않고 하늘에 소망을 두고 하나님을 간절히 찾아서, 결국 구원의 주님을 만납니다.

나다나엘도 영생을 사모하는 사람이었습니다. 그렇기 때문에 그는 하나님 말씀에 소망을 두고 무화과나무 아래에서 말씀을 연구하면서 "어떻게 하면 구원자를 만나서 하나님께서 약속하신 영생에 들어갈 수 있을까?" 하고 하나님의 은혜를 사모했던 사람입니다. 우리는 빌립이 나다나엘을 만나자마자 "모세가 율법에 기록했고 모든 선지자들이 약속한 그분을 만났다"라고 외친 부분에서 나다나엘은 하나님께서 약속하신 메시아를 간절히 기다렸던 자였다는 사실을 유추할 수 있습니다.

영생을 사모하는 자라야 구원을 받습니다

이 땅의 것들, 즉 돈과 명예와 권력과 쾌락에 온통 마음을 쏟는 자들은 예수님을 찾지도 않고 만나지도 못합니다. 기독교인 중에도, 입술로는 하나님을 믿는다고 고백하면서도 마음은 세상의 가치들을 좇는 이들이 많습니다 그런 사람들은 결코 예수님을 만날 수 없습니다. 나다나엘처럼 영생의 천국을 사모하는 자라야 구원자로 오신 예수 그리스도를 만납니다. 하나님의 말씀을 통해서 이 땅의 것들은 모두 덧없는 것인 줄을 깨닫고 하늘에 소망을 둔 자, 영생을 사모하는 자라야 예수님을 만납니다. 하나님의 약속의 말씀을 믿는 자가 지혜로운 자입니다.

1970년 대에 유행했던 팝송 중에 보컬 그룹 캔사스(Kansas)의 "Dust in the wind"라는 노래의 가사 끝부분입니다:

"And all your money won't another minute buy
당신이 가진 모든 돈으로도 단 1분도 더 사지 못합니다
Dust in the wind
바람 속에 흩날리는 먼지
All we are is dust in the wind
우린 모두는 바람 속의 먼지랍니다
Dust in the wind
바람 속에 흩날리는 먼지
Everything is dust in the wind
모든 것은 바람 속의 먼지랍니다."

그렇습니다. 우리가 가진 모든 돈을 주어도 우리는 자신의 수명을 1분도 더 연장할 수 없습니다. 우리나라 최대 재벌 그룹의 회장이 지금 식물인간이 되어 병상에 누워 있습니다. 공식적으로 20조 원이 넘는 그분의 모든 재산을 다 내어놓아도 자기의 건강한 삶을 1분도 얻을 수 없습니다. 우리는 자기의 유약한 실존을 직시(直視)해야 합니다. 그러면 "아! 내가 이렇게 허망한 존재로구나!" 하는 깨달음을 얻을 것입니다.

또한 우리는 자기가 얼마나 죄악된 존재인지도 깨달아야 합니다. 성경은 **"만물보다 거짓되고 심히 부패한 것은 마음이라 누가 능히 이를 알리요마는"**(렘 17:9)이라고 말씀합니다. 우리들의 마음은 굉장히 부패하고 음란하며 거짓됩니다. 그런데 **"누가 능히 이를 알리요마는"**이라고 말씀하신 대로, 자기의 실체를 깨닫고 인정하는 사람은 거의 없습니다. 대부분의 사람들은 자기가 비교적 선하다고 착각하고 살아갑니다. 그러나 나다나엘은 정직한 자였습니다. 주님은 나다나엘을 보시고 **"보라 이는 참 이스라엘 사람이라 그 속에 간사한 것이 없도다"**라고 말씀하셨습니다. 하나님 앞에서 정직한 자라야 주님을 만납니다. 정직한 자는 하나님의 말씀 앞에서 자기가 거짓되고 부패한 존재라고 자백합니다. 정직한 자는 하나님의 율법 앞에서, "하나님 저는 지옥 가야 마땅한 죄인입니다" 하고 시인을 합니다.

자기 모습을 깨달으라고 주신 율법

율법은 "~하라 또는 ~하지 말라"(do's and don'ts)라는 613개의 규례로 이루어져 있습니다. 그 모든 규례의 골자만 추린 것을 10

계명이라고 합니다. 10계명 중에서 제1계명부터 제4계명까지는 우리가 하나님께 대하여 지켜야 할 도리들입니다. 우리는 하나님께 대한 계명들을 지킬 수 없는 자들입니다. 우리는 하나님보다 자기 자신과 이 세상을 더 사랑하는 우상숭배자들입니다. 하나님께 대한 계명들은 차치하고라도, 제5계명부터 제10계명까지도 우리는 결코 온전히 지킬 수 없는 자들입니다. 마음이 정직한 사람은 **"부모를 공경하라. 살인하지 말라. 간음하지 말라. 도적질하지 말라. 거짓 증거하지 말라. 남의 재물을 탐내지 말라"**라는 계명들 앞에서도 고개를 꼿꼿이 들 수 없습니다. 주님은 **"형제를 미워한 자마다 이미 살인한 자"**라고 말씀하셨습니다. 또한 예수님은 **"여자를 보고 음욕을 품은 자마다 간음한 자"**라고도 말씀하셨습니다. 따라서 율법 앞에 정직하게 선 사람은 율법이 요구하는 절대적인 거룩함의 수준을 깨닫고 자기가 지옥 갈 죄인이라는 사실을 인정하게 됩니다. 주님께서 나다나엘을 가리켜서 **"보라 이는 참 이스라엘 사람이라 그 속에 간사한 것이 없도다"**라고 말씀하신 것은 나다나엘이 하나님 앞에서 정직한 자였다는 뜻입니다. 이와 같이 나다나엘은 이 땅의 것들은 아무것도 아니라는 지혜를 깨닫고 영생의 천국을 사모하는 자였으며, 또한 그는 하나님의 율법 앞에서 정직한 자였습니다.

그런데 오늘날 대부분의 기독교인들은 영생(永生)을 별로 사모하지 않습니다. 그들은 자기의 의를 쌓아서 이 땅에서 사람들에게 인정을 받으며 또 그것으로 자랑하려고만 합니다. 기독교인들은 은근히 자기를 자랑하는데 있어서 선수들입니다. 그들은 자기의 거룩함을, 자기의 희생과 봉사를, 자기의 성경 지식이나 세상의 지식을, 자기의 경력이나 사역의 업적 등을 은근히 자랑합니다. 사실 그런 자들은 하나님 앞에서 정직하지 않아서 그러는 것입니다. 그런 사람들은 결코 죄 사함 받지 못합니다. 하나님 앞에서 자기가 얼마나 더럽고 추악한 자인지를 정직하게 인정하고 "하나님, 저는 지옥에 가야 할 죄인입니다. 저를 구원해 주십시오" 하고 머리를 조아리는 자라야 구원을 받습니다. 그런데 자기의 의(義)에 배부르고 충만한 기독죄인(基督罪人)들은 진리의 복음을 전해 줘도 듣고자 하지 않습니다. 이미 배불리 먹은 사람은 아무리 맛있는 음식을 주어도 먹으려 하지 않는 것과 같습니다. 우리에게 자랑할 만한 것들이 있기나 합니까? 거듭나기 전의 사울(사도 바울)은 자랑거리가 많았습니다. 그런데 그가 주님을 만나서 거듭난 후에는 바울이 그토록 자랑했던 것들이 그에게 모두 배설물로 여겨졌습니다.

어떤 사람이 예수님을 만나서 하나님의 자녀가 됩니까? 이 땅의 것들이 아무것도 아니라는 사실을 깨닫고 영원한 세계를 사모하는 자, 또한 자기가 얼마나 악하고 더러운 자인지를 깨닫고 하나님 앞에 시인하는 정직한 자라야 예수님을 만납니다. 말씀 앞에서 정직한 사람이라야 예수님을 만나서 죄 사함을 받고 거듭나서 하나님의 자녀가 됩니다. 주님을 구주로 고백한 나다나엘은 주님께로부터 축복의 말씀을 듣습니다.

"예수께서 대답하여 가라사대 내가 너를 무화과나무 아래서 보았다 하므로 믿느냐 이보다 더 큰 일을 보리라 또 가라사대 진실로 진실로 너희에게 이르노니 하늘이 열리고 하나님의 사자들이 인자 위에 오르락 내리락하는 것을 보리라 하시니라"(요 1:50-51). 이 축복의 말씀은 구약시대의 야곱이 본 이상(異像)의 실현입니다. 야곱이 형 에서의 진노를 피해서 외삼촌 라반의 집으로 도망갈 때에, 벧엘의 들판에서 경야(經夜)하면서 꾼 꿈에 **"하늘이 열리고 하나님의 사자들이 인자 위에 오르락 내리락하는 것"** 을 보았습니다.

그 꿈은 장차 성자(聖子) 예수님이 하나님과 사람 사이의 중보자로 오셔서 우리의 모든 죄를 사해 주시고 우리를 하나님 자녀로 만들어 주실 것과 거듭난 의인들이 구하는 것마다 하나님께서 응답하신다는 하나님의 약속을 계시합니다. 하나님께서는 거듭난 의인들의 기도에 응답하십니다. 하나님은 의인의 간구 위에 역사하십니다. 하나님은 **"물과 피로 임"**(요일 5:6)하신 주님을 만나서 죄 사함 받은 의인들, 즉 당신의 자녀들의 기도를 듣고 반드시 응답하십니다. 하나님은 죄인들의 기도를 듣지 않습니다. **"여호와의 손이 짧아 구원치 못하심도 아니요 귀가 둔하여 듣지 못하심도 아니라 오직 너희 죄악이 너희와 너희 하나님 사이를 내었고 너희 죄가 그 얼굴을 가리워서 너희를 듣지 않으시게 함이니"**(사 59:1-2)라고 말씀하셨습니다.

어떤 사람이 메시아로 오신 예수님을 만나서 거듭날 수 있습니까? 첫째, 이 땅의 것들은 다 헛된 것인 줄 알고 하늘에 소망을 둔 자들입니다. 나다나엘은 자기의 비참한 실존을 깨닫고 무화과나무 아래 앉아서 하나님의 약속의 말씀을 상고하면서 오시기로 한 메시아를 기다리는 자였습니다.

또한 하나님의 율법 앞에서 자기의 죄악됨을 정직하게 인정하는 자라야 진리의 복음으로 오신 구원자 예수님을 만날 수 있습니다. 오늘의 본문은 나다나엘같이 마음이 정직하고 하늘에 소망을 둔 자들이 주님을 만나서 죄 사함을 받고 거듭난다고 말씀합니다. 그리고 그렇게 거듭난 하나님의 자녀들에게, "너희들이 예수 그리스도의 이름으로 기도하는 것마다 내가 응답하겠다"라고 주님께서 약속하셨습니다.

오늘의 본문 말씀을 통해서 우리가 어떠한 마음 자세로 주님 앞에 나아가야 하는지를 다시 한번 마음에 되새기시기를 바랍니다.

아구까지 채운 복음을 믿어야 거듭납니다

"사흘 되던 날에 갈릴리 가나에 혼인이 있어 예수의 어머니도 거기 계시고 예수와 그 제자들도 혼인에 청함을 받았더니 포도주가 모자란지라 예수의 어머니가 예수에게 이르되 저희에게 포도주가 없다 하니 예수께서 가라사대 여자여 나와 무슨 상관이 있나이까 내 때가 아직 이르지 못하였나이다

그 어머니가 하인들에게 이르되 너희에게 무슨 말씀을 하시든지 그대로 하라 하니라 거기 유대인의 결례를 따라 두 세 통 드는 돌항아리 여섯이 놓였는지라 예수께서 저희에게 이르시되 항아리에 물을 채우라 하신즉 아구까지 채우니 이제는 떠서 연회장에게 갖다 주라 하시매 갖다 주었더니 연회장은 물로 된 포도주를 맛보고 어디서 났는지 알지 못하되 물 떠온 하인들은 알더라 연회장이 신랑을 불러 말하되 사람마다 먼저 좋은 포도주를 내고 취한 후에 낮은 것을 내거늘 그대는 지금까지 좋은 포도주를 두었도다 하니라

예수께서 이 처음 표적을 갈릴리 가나에서 행하여 그 영광을 나타내시매 제자들이 그를 믿으니라"(요한복음 2:1-11).

역사를 기록하는 두 가지 방식이 있는데, 기전체(紀傳體)와 편년체(編年體)입니다. 기전체(紀傳體)는 하나의 사건 중심으로 역사적 사실 관계들을 전개하는 기록 방식이고, 편년체(編年體)는 시간의 축(軸)을 따라가며 역사적 사실들을 기록하는 방식입니다. 그런

데 요한복음의 시작 부분은 **"이튿날," "또 이튿날," "사흘 되던 날에"** 라고 기술되어 있듯이, 요한복음은 대체로 편년체(編年體)의 형식으로 기록되어 있습니다. 그런데 **"이튿날, 또 이튿날, 사흘 되던 날"** 이라고 기술한 기준점이 무엇입니까? 어떤 사건을 기준으로 날수를 계수한 것입니까?

요한복음은 **"그 세례"**(the baptism, 행 10:37)를 기점(基點)으로 주님의 복음을 기록하고 있다는 사실에 우리는 유념해야 합니다. 예수님은 육신을 입고 이 땅에 오신 성자 하나님입니다. 예수님께서 우리를 구원하신 사역의 출발점이 인류의 대표자인 세례 요한에게서 안수(按手)의 형식으로 받으신 세례입니다. 그래서 요한복음은 예수님께서 받으신 세례를 기점(起點)으로 잡고, **"이튿날 요한이 예수께서 자기에게 나아오심을 보고 가로되 보라 세상 죄를 지고 가는 하나님의 어린 양이로다"**(요 1:29)라고 선포했습니다.

주님께서 세례를 받으신지 **"사흘 되던 날에"** 갈릴리 지방의 가나라는 촌에서 혼인잔치가 있었습니다. 가나는 나사렛에서 걸어서 한 시간 정도의 거리에 있었고, 그 잔치에 예수님뿐만 아니라 육신의 어머니인 마리아도 함께한 것으로 볼 때, 그리고 잔칫집의 사정을 마리아가 잘 알고 있었던 것을 볼 때에, 잔칫집은 마리아와 가까운 친척지간이었던 것으로 여겨집니다. 그런데 혼인 잔칫집에 아주 곤란한 일이 벌어졌습니다. 혼인잔치가 한창 무르익어 갈 때에, 포도주가 떨어졌습니다. 잔칫집에 포도주가 떨어지면 잔치는 끝내야 합니다. 아직 잔치 음식을 먹겠다고 기다리는 손님도 많고 잔치는 한참 더 계속되어야 하는데, 더 이상 잔치를 계속할 수 없는 상황에 부딪혔습니다. 마리아가 그 사실을 예수님께 전하며 넌지시 부탁을 했습니다. 그러자 예수님께서는 **"여자여 나와 무슨 상관이**

있나이까 내 때가 아직 이르지 못하였나이다" 하고 짐짓 거절한 것처럼 대답을 했습니다. 그러나 마리아는 예수님이 하나님의 아들인 것을 믿었기에, **"너희에게 무슨 말씀을 하시든지 그대로 하라"** 라고 하인들에게 당부했습니다.

예수님은 뭔가 놀라운 일을 하시려고 하인들에게 물을 떠다가 정결례(淨潔禮)에 쓰는 돌항아리를 가득 채우라고 명령하셨습니다. 이스라엘 백성들은 외출했다가 집에 돌아오면 문간에 있는 항아리에서 물을 떠서 손발을 씻는 관습이 있었습니다. 이것을 정결례(淨潔禮) 혹은 결례(潔禮)라고 합니다. 하인들은 예수님의 말씀에 순종해서 돌항아리 여섯 개에 아구까지 물을 채웠습니다. 예수님께서는 **"이제는 떠서 연회장에게 갖다 주라"**라고 명령하셨습니다. 그런데 하인들이 돌항아리에 부었던 물을 뜨려고 보았더니, 그 물은 변해서 고급 포도주가 되어 있었습니다. 하인들이 그 포도주를 떠서 연회장에게 주었습니다. 연회장은 그 포도주를 맛보고, 신랑에게 **"사람마다 먼저 좋은 포도주를 내고 취한 후에 낮은 것을 내거늘 그대는 지금까지 좋은 포도주를 두었도다"** 하고 감탄했습니다.

이 이적(異蹟)은 다른 복음서에는 기록되어 있지 않습니다. 그러나 안드레와 더불어 예수님의 첫 번째 제자였던 사도 요한이 기록한 요한복음에 의하면, 물이 변하여 포도주가 된 이적은 예수님께서 첫 번째 베푸신 이적으로 기록되어 있습니다. 이 놀라운 이적은 현장에 함께 있었던 사도 요한이 기록한 것이며 확실한 사실입니다. 예수님은 말씀 한마디로 우주를 창조하신 전능한 하나님이기 때문에 물이 변해서 포도주가 되게 하는 일을 얼마든지 하실 수 있습니다. 이는 제자들이 예수님을 하나님의 아들이라는 사실을 믿게 하려고 베푸신 이적입니다.

물로 된 포도주의 이적이 가르쳐 주는 영적 교훈

요한복음의 키워드는 **"거듭남"**입니다. 요한복음은 "거듭남이란 무엇인가?" 그리고 "사람이 어떻게 거듭나는가?"에 대해서 아주 소상히 말씀하고 있습니다. 물이 변해서 포도주가 된 이적도 거듭남에 관한 계시의 말씀입니다. 물과 포도주는 완전히 다릅니다. 물이 변해서 포도주가 되었듯이, 근본 죄인(罪人)이었던 우리들이 의인(義人)으로 변화되는 역사가 바로 거듭남입니다. 거듭남의 비밀을 깨닫게 하는 이적에, 돌항아리가 등장합니다. 여섯 개의 돌항아리는 우리들, 즉 사람을 의미합니다. 사도 바울은 **"우리가 이 보배를 질그릇에 가졌으니"**(고후 4:7) 하고 말씀했듯이, 성경에서 그릇이나 항아리는 사람을 의미합니다.

"두세 통 드는 돌항아리 여섯"이라는 말씀도 중의적(重意的)으로 사람을 의미합니다. "여섯"(6)은 사람을 상징하는 숫자입니다. 하나님께서는 창조의 6일째에 사람을 만드셨습니다. 계시록에도 마지막 때에 사람들이 오른손이나 이마에 표로 받게 될 666에 대해서, **"그 수는 사람의 수니 육백 육십 륙이니라"**(계 13:18)고 말씀합니다. 666은 인간이 자기의 능력이나 지식이나 기술을 최고도(最高度)로 발휘해서 하나님과 맞먹으려고 하는 악한 행위를 상징합니다. 이처럼 돌항아리 여섯은 우리 모든 인생들을 의미합니다. 돌항아리인 우리가 어떻게 물이 변해서 포도주가 되는 은혜를 입었습니까?

그 여섯 개의 돌항아리에 **"물을 채우라 하신즉 아구까지 채우니"** 하신 말씀을 우리는 주목해야 합니다. 하인들이 주님께서 명하신 말씀대로 물을 아구까지 채웠더니 곧 그 물이 변해서 포도주가 되었습니다. 여기에서 **"물"**은 넓게 해석하면 하나님의 말씀 전체를 의미하지만, 구체적으로 특정하면 **물**은 진리의 복음을 의미합니다. 아구까지 채운 물이 변해서 포도주가 되었듯이, 마음에 죄가 있는 죄인이 진리의 복음을 온전하게 믿을 때에 그 죄인(罪人)은 모든 죄의 사함을 받고 거듭나서 의인(義人)이 됩니다.

"아구까지 채운 물"은 두 가지 의미를 갖습니다. 첫째, 사람을 거듭나게 하려면 복음의 말씀이 온전해야 한다는 뜻입니다. 항아리에 4분의 3만 채워진 물은 온전한 복음을 의미하지 않습니다. 아구까지 채워진 물은 온전한 복음, 즉 진리의 원형복음(原形福音)을 지칭합니다. 성경대로의 복음인 **"물과 피의 복음"**이라야 사람을 거듭나게 할 수 있습니다. 아구까지 채워지지 않은 사이비 복음들, 즉 예수님의 피만으로 된 반쪽짜리 복음으로는 사람이 절대로 거듭날 수 없습니다. 둘째, 하나님께서 아구까지 채워진 온전한 복음을 주셨을지라도 사람이 그 진리의 복음을 100% 온전하게 믿어야 거듭납니다. 복음이 온전해야 되고 우리의 믿음도 온전해야 거듭나는 은혜를 입습니다.

"아구까지 채워진 물"은 **"물과 피와 성령의 증거"**를 다 가지고 있는 온전한 진리의 복음을 계시합니다. 사도 요한은, **"증거하는 이가 셋이니 성령과 물과 피라 또한 이 셋이 합하여 하나이니라"**(요일 5:8)고 선포했습니다. 물과 피와 성령의 증거를 다 가지고 있는 복음만이 온전한 복음이라는 뜻입니다. 물과 피와 성령의 세 가지 증거 중에서 하나라도 빼버린 복음은 "아구까지 채워지지 않은 물"이며 "하나"(온전함)가 아닌 가짜 복음입니다. 아구까지 채워지지 않은 물로는 사람이 결코 거듭날 수 없습니다.

성령님께서는 "예수님은 하나님의 아들이신 성자(聖子) 하나님"

이라고 증거합니다. 진리의 복음을 만난 이들은, **"주는 그리스도시요 살아 계신 하나님의 아들"**이라고 고백했습니다. 예수님은 성자(聖子) 하나님이신데, 인류의 죄를 대속할 흠 없는 희생제물이 되기 위하여 처녀 마리아에게서 육신을 입고 이 땅에 오셨습니다.

둘째로 **"물"**은 흠 없는 제물로 오신 예수님이 요단강에서 받으신 세례의 능력을 증거합니다. 예수님께서 인류의 대표자인 세례 요한에게 안수의 형식으로 세례 받으실 때에, 세례 요한에게 **"이제 허락하라 우리가 이와 같이 하여 모든 의를 이루는 것이 합당하니라"**(마 3:15)라고 준엄하게 명령하셨습니다. 구약의 속죄 제사에는 "반드시 안수할찌니"라는 말씀이 무수히 기록되어 있습니다. 안수(按手)는 제물에게 죄를 전가(轉嫁)하는 하나님의 공의(公義)한 법입니다. 대속죄일(大贖罪日)의 제사에서는 대제사장 아론이 대표로 아사셀 염소의 머리에 안수함으로써 이스라엘 백성 전체의 1년 치 죄를 단번에 희생제물에게 넘겼습니다. 이처럼 하나님께서는 아론의 후손이고 여자의 몸에서 난 자 중에 제일 큰 자인 세례 요한을 인류의 대표자로 세우셔서 흠 없는 어린양으로 오신 예수님의 머리에 안수의 형식으로 세례를 베풀게 하셨습니다. **"그 세례"**(행 10:37)로 인류의 모든 죄가 단번에 예수님께 넘어갔다고 성경은 분명하게 선포합니다. 그래서 예수님께서 세례 받으신 이튿날 **"보라 세상 죄를 지고 가는 하나님의 어린양이로다"**(요 1:29)라는 증거를 세례 요한에게서 받으신 것입니다.

예수님은 **"이와 같이 하여,"** 즉 안수의 형식으로 받으신 세례로 세상 죄를 짊어지고 십자가로 가셨습니다. 주님은 온갖 고초와 능욕을 당하시고 십자가에 못 박히셔서 6시간 동안 절규하시면서 피를 흘리셨습니다. 주님은 받으신 세례로 담당하신 인류의 모든 죄의 삶을 당신이 흘리신 피로 다 지불하신 후에, **"다 이루었다"**(요 19:30)라고 크게 외치시고 돌아가셨습니다. 그리고 사흘 만에 부활하셨습니다. 이것이 **"피"**의 증거입니다.

성령과 물과 피의 증거—이 세 가지 증거를 다 가지고 있는 복음이 바로 "아구까지 채워진 물"로 계시된 진리의 원형복음(原形福音)입니다. 아구까지 채워진 물의 복음이 아니면 결코 거듭날 수 없습니다. 그런데 대부분의 기독교인들은 물의 증거를 빼버린 복음을 믿습니다. 그것은 삼분의 이 정도 채워진 물이기에, 그런 물은 결코 포도주로 변할 수 없습니다. 그런 불법적인 복음으로는 사람이 절대로 거듭나지 못합니다. 어떤 이들은 "성경을 읽어 보면 십자가의 피만 증거하고 있다"라고 주장합니다. 그러나 성경을 더 자세히 읽어 보면, 어느 부분에서는 물을 증거하고 어떤 곳에는 성령의 증거만 말씀하기도 한 것을 발견하게 됩니다. 온전한 복음이 무엇인지를 알고 믿는 사람은 한 가지의 증거만 고백해도 그것은 세 가지의 증거를 모두 믿는다는 고백입니다. 베드로는 **"주는 그리스도시요 살아 계신 하나님의 아들이시니이다"**(마 16:16) 하고 고백했습니다. 이는 성령의 증거를 믿는다는 고백인데, 이 고백 안에는 "주님은 흠 없는 제물로 오신 하나님의 아들이신데 안수의 방법으로 받으신 세례로 인류의 죄를 담당하시고 십자가에 못 박혀 피를 흘리심으로 우리를 모든 죄에서 온전히 구원하실 분이십니다"라는 세 가지 증거가 다 포함되어 있습니다.

우리나라 대중가요 가수 중에 조용필이라는 분이 있습니다. 그분은 좋은 곡도 많이 썼고 노래도 잘 불러서 국민가수라는 칭호를 듣고 있습니다. 예전에 제가 그분이 나온 TV 프로그램에서, 어떤 청중이 조용필이라는 이름으로 지은 삼행시(三行詩)를 들은 적이 있습니다. 사회자가 "조"라고 운을 떼었더니, 그 여자 분은 "조용필 오빠가 보고 싶어서"라고 힘차게 외쳤습니다. 사회자가 "용" 하니까, 그 여자는 "용필이 오빠를 찾아왔어요" 하더니, "필" 하는 운에는 "필이 오빠 건강하세요" 하고 외쳤습니다. 그 여자분이 삼행시(三行詩) 짓기에서 1등을 했습니다. 그 현장에 있던 사람들은 누구라도 "조용필"이든 "용필"이든 "필이 오빠"든, 모두 조용필 씨를 지칭하는 말인 줄을 잘 압니다.

아구까지 채워진 복음을 믿는 자들은 **성령의 증거**만 말해도 자기 안에서 온전한 복음의 분량을 다 고백하는 것이고, **물의 증거**만 말해도 진리의 원형복음을 믿고 고백하는 것이고, **피의 증거**만 말해도 자기 마음에 자리 잡은 온전한 구원의 복음을 다 믿는다고 고백하는 것입니다. 아구까지 채워진 물이 아니면, 물은 결코 포도주로 변하지 않습니다. 온전한 진리의 복음이 아니면 죄인을 절대로 거듭나게 하지 못합니다. 또한 아무리 온전한 진리의 복음을 전해 주어도 자신이 그 복음을 마음에 가득 채워서 아구까지(온전하게) 믿어야 합니다. 그래야만 거듭나는 성령의 역사를 맛보게 됩니다.

"**물과 피의 복음**"이 진리의 원형복음이며, 이 복음만이 사도들이 주님께로부터 직접 받았고 전했던 "**성경대로의 복음**"(고전 15:3-4)입니다. "**물과 피의 복음**" 외에 다른 복음은 없습니다. 어떤 이들은 근대나 현대 기독교의 대단한 설교자들, 즉 스펄젼이나 무디 혹은 빌리 그래험 같은 분들이 거듭났다고 주장합니다만 천만의 말씀입니다. 그분들은 십자가의 피만을 믿은 분들입니다. 그분들은 아구까지 채워진 물의 복음을 믿지도 전하지도 않았습니다. 아구까지 채워진 물이 아니면 사람이 절대로 거듭날 수 없습니다.

요한복음의 키워드는 **"거듭남"**입니다. 그리고 오늘의 본문의 배경인 잔칫집은 하나님의 교회를 계시합니다. 우리는 아구까지 채워진 복음, 즉 진리의 원형복음(原形福音)을 믿습니다. 그것도 아구까지 채워진 항아리처럼 온전히 믿습니다. 복음도 온전해야 되고 믿음도 온전해야 죄인(罪人)이 의인(義人)으로 거듭납니다. 하나님께서는 당신의 교회 안에서 거듭나는 역사를 끊임없이 베푸십니다. 교회 안에는 거듭남의 역사가 끊이지 않는 것이 정상입니다. 먼저 거듭난 우리들에게도 가장 기쁜 역사는 다른 돌항아리들에 아구까지 물을 채워서 그 물이 포도주가 되는 역사를 맛보는 것입니다. 그런데 오늘날의 기독교 안에는 거듭남의 역사가 왜 끊어졌습니까? 기독교가 왜 이렇게 기독죄인(基督罪人)들로 가득 차게 되었습니까? 아구까지 물이 채워지지 않은 반쪽짜리 복음, 사이비 복음을 믿으면서도 거듭났다고 스스로 속이는 자들이 교회를 지배하기 때문입니다. 거듭나지 못했으면서도 거듭난 척하며 **"가만히 들어온 자들"**(갈 2:4, 유 1:4)로 인해서 오늘날의 기독교 안에는 거듭남의 역사가 그쳤습니다.

진리의 복음으로 거듭난 우리는 하나님께 감사를 드립니다. 주님께서 아구까지 채워진 온전한 복음을 우리에게 주셨고, 우리는 아구까지 채워진 온전한 믿음으로 진리의 원형복음(原形福音)을 믿어서, 우리가 주님 앞에서 단번에 죄 사함을 받고 의롭다 하심을 얻었습니다. 진리의 원형복음을 믿음으로 우리의 마음에 그 많던 죄가 "흰 눈과 같이" 없어졌습니다. **"오라 우리가 서로 변론하자 너희 죄가 주홍 같을찌라도 눈과 같이 희어질 것이요 진홍 같이 붉을찌라도 양털 같이 되리라"**(사 1:18)고 약속하신 말씀이 우리에게 이루어졌습니다. 사도 바울은 로마서에서 "믿음으로 의롭다 하심을 얻는다"라고 선포했습니다. 기독교인들은 이러한 말씀을 칭의 교리(稱義敎理)로 받아들이고 있습니다. "칭의"(稱義)라는 말은 "마음에 죄는 있지만 의롭다고 불러 준다"라는 뜻입니다. 기독교인들은 이것을 "정법적 구원"이라는 용어로 정당화하지만, 칭의 교리(稱義敎理)는 마음에 죄 사함을 받지 못한 기독죄인(基督罪人)들이 어거지로 꿰어 맞춘 교리에 불과합니다. 십자가의 피만 믿어서는 결코 "의롭다 하심"을 얻지 못합니다. 호박에다 줄을 그려 넣는다고 수박이 됩니까? "마음에 죄는 남아 있지만 예수님을 믿는다고 하니 의롭다고 불러 주마"—주님은 결코 그렇게 하시지 않습니다.

우리는 믿음으로써 의롭다 함을 얻었습니다. 우리의 마음에는 죄가 실제로 없습니다. 왜냐하면 예수님께서 우리의 죄를 실제로 담당하셔서 없애 주셨기 때문입니다. 믿음이란 성경에 기록된 사실을 확인(確認)하고 확신(確信)하는 것입니다. 우리는 아구까지 채워진 온전한 진리의 복음을 100% 온전히 믿음으로 물이 변해서 포도주가 되는 역사를 맛보았습니다. 우리는 분명 죄인(罪人)이었는데, 진리의 복음을 믿는 믿음을 아구까지 채웠더니 우리가 **마음에 할례**"(롬 2:29)를 받고 의인(義人)으로 거듭났습니다.

이렇게 놀라운 은혜를 입혀 주신 하나님께 감사와 찬양을 드립니다.

할렐루야!

거듭남이란 무엇인가?

"바리새인 중에 니고데모라 하는 사람이 있으니 유대인의 관원이라 그가 밤에 예수께 와서 가로되 랍비여 우리가 당신은 하나님께로서 오신 선생인줄 아나이다 하나님이 함께 하시지 아니하시면 당신의 행하시는 이 표적을 아무라도 할 수 없음이니이다

예수께서 대답하여 가라사대 진실로 진실로 네게 이르노니 사람이 거듭나지 아니하면 하나님 나라를 볼수 없느니라 니고데모가 가로되 사람이 늙으면 어떻게 날 수 있삽나이까 두번째 모태에 들어갔다가 날 수 있삽나이까 예수께서 대답하시되 진실로 진실로 네게 이르노니 사람이 물과 성령으로 나지 아니하면 하나님 나라에 들어갈 수 없느니라 육으로 난 것은 육이요 성령으로 난 것은 영이니 내가 네게 거듭나야 하겠다 하는 말을 기이히 여기지 말라 바람이 임의로 불매 네가 그 소리를 들어도 어디서 오며 어디로 가는지 알지 못하나니 성령으로 난 사람은 다 이러하니라

니고데모가 대답하여 가로되 어찌 이러한 일이 있을 수 있나이까

예수께서 가라사대 너는 이스라엘의 선생으로서 이러한 일을 알지 못하느냐 진실로 진실로 네게 이르노니 우리 아는 것을 말하고 본 것을 증거하노라 그러나 너희가 우리 증거를 받지 아니하는도다 내가 땅의 일을 말하여도 너희가 믿지 아니하거든 하물며 하늘 일을 말하면 어떻게 믿겠느냐 하늘에서 내려온 자 곧 인자 외에는 하늘에 올라간 자가 없느니라 모세가 광야에서 뱀을 든것 같이 인자도 들려야 하리니 이는 저를 믿는 자마다 영생을 얻게 하려 하심이니라

하나님이 세상을 이처럼 사랑하사 독생자를 주셨으니 이는 저를 믿는 자마다 멸망치 않고 영생을 얻게 하려 하심이니라"(요한복음 3:1-16).

거듭나기를 원하는 이들에게 오늘의 본문 말씀은 매우 중요합니다. 쌀에는 쌀눈이라는 것이 있는데, 그 쌀눈에 생명이 있고 영양분의 90%가 집중되어 있습니다. 오늘의 본문 말씀은 성경에서 쌀눈처럼 중요한 말씀입니다. 이 말씀에 성경의 모든 축복이 농축되어 있다고 해도 과언이 아닙니다. 요한복음의 키워드(key word)는 "거듭남"입니다. 성경에서, 그리고 하나님을 믿는 우리에게 있어서 "거듭남"보다 더 중요한 개념(槪念)은 없습니다. 사람이 거듭나지 않으면 아무도 영생의 천국에 들어갈 수 없기 때문에, 그보다 더 중요한 개념은 없습니다.

니고데모라고 하는 유대인의 관원이 밤에 예수님을 찾아왔습니다. 니고데모는 "랍비여 우리가 당신은 하나님께로서 오신 선생인 줄 아나이다 하나님이 함께 하시지 아니하시면 당신의 행하시는 이 표적을 아무라도 할 수 없음이니이다" 하고 말문을 열었습니다. 예수님께서는 니고데모에게 단도직입적으로, **"사람이 거듭나지 아니하면 하나님 나라를 볼수 없느니라"** 또 **"사람이 물과 성령으로 나지 아니하면 하나님 나라에 들어갈 수 없느니라"** 라고 말씀하셨습니다.

예수님을 믿는 기독교인(基督敎人)들은 많습니다. 통계적으로 보면 우리나라만 해도 구교(舊敎)와 개신교(改新敎)를 합친 기독교인들이 천만 명이 넘는다고 합니다. 그 많은 사람들이 예수님을 믿는데, 그들에게 "예수님을 믿는 목적이 무엇입니까?" 하고 물으면,

선뜻 대답을 못하는 이들이 많습니다. 한참 망설인 후에야, 어떤 이는 마음의 평안을 얻으려고 믿는다고 말합니다. 다른 이들은 죄를 짓지 않고 올바르게 살고자 믿는다고 대답합니다. 그러나 우리는 천국의 영생(永生)을 얻고자 구세주 예수님을 믿는 것입니다.

천국의 영생을 얻으려면 반드시 거듭나야 됩니다. 사람이 거듭나지 않으면 결코 천국에 들어가지 못합니다. 그토록 "거듭남"이라는 개념이 성경 전체의 중요한 키워드인데, 기독교인들은 "거듭남"이란 무엇인지, 사람이 어떻게 거듭나는지를 제대로 알지 못합니다. 목회자들은 궁전 같은 예배당을 지어놓고 사람들을 끌어 모읍니다. 그러나 그 안에 뭔가 있으리라고 찾아온 영혼들에게 가장 중요한 것, 즉 천국 영생에 들어갈 수 있도록 거듭나게 하는 진리를 가르쳐 주지 못한다면 그 큰 예배당이 무슨 소용이 있겠습니까? 사람이 거듭나지 아니하면 결코 천국에 들어가지 못합니다.

거듭남이란 죄인이 의인으로 변화되는 역사

거듭난다는 것은 마음에 죄가 있어서 하나님의 심판을 받고 지옥에 가야 할 죄인(罪人)이 하나님의 구원의 복음을 듣고 믿어서 죄 사함을 받고 의인(義人)이 되는 역사입니다. 굼벵이가 변태(變態, 탈바꿈)라는 놀라운 과정을 거쳐서 매미로 변화하듯이, 죄인이 의인으로 변화되는 역사를 "거듭난다"(being born again)라고 말합니다.

모든 사람은 태어날 때부터 근본 죄인으로 태어납니다. 죄는 범죄한 첫 사람 아담에게서 물려받은 것입니다. 사람은 태어날 때부터 죄를 마음에 장착(裝着)하고 태어났기 때문에, 살아가면서 죄를 줄줄 흘릴 수밖에 없는 존재입니다. 이것이 우리 인간의 실존(實存)입니다. 지금 제 손에 컵이 하나 들려 있는데, 이 안에 더러운 똥물이 가득 담겨 있다고 가정해 봅시다. 이 잔이 세차게 흔들리면 그 안에 들어 있던 똥물이 밖으로 흘러내립니다. 더 세게 흔들면 아예 쏟아져 나옵니다. 우리는 마음속에 탐심이나 음란이나 도둑질이라는 죄를 근본적으로 가지고 태어났습니다. 아무런 자극이 없을 때에는 그런 죄들도 잠잠히 마음속에 숨어 있습니다. 그런데 만일 여러분이 아무도 없는 골목길에서 큰 가방 하나를 발견했다고 가정해 봅시다. 호기심에 그 가방을 열어 봤더니, 오만 원짜리 지폐가 가득 들어 있었다고 상상해 봅시다. 여러분은 그 순간에 좌우를 돌아보지 않겠습니까? 그리고 심장 박동수가 갑자기 빨라지지 않겠습니까? 그것은 여러분 마음속에 장착되어 있었던 탐심과 도둑질의 죄가 발동했기 때문입니다.

저는 관광지인 제주도에 삽니다. 여름에 운전을 하고 시내를 다니다 보면 개념이 없는 관광객들이 많습니다. 해수욕장에서나 입는 복장으로 시내 거리를 활보하고 다니는 여성들이 가끔 있는데, 게다가 몸매가 좋은 여인을 보게 되면 저도 모르게 눈이 그쪽으로 돌아갑니다. 신호등이 걸려서 서게 되면 "옳지 잘됐다"라고 생각하며 지나가는 그 여인을 계속 쳐다봅니다. 고개를 더는 못돌리면, 이제 뒷거울로 뒷태를 쳐다봅니다. 예수님께서는 **"여자를 보고 음욕을 품는 자마다 마음에 이미 간음하였느니라"**(마 5:28)고 말씀하셨으니, 저는 이미 간음한 자입니다. 저는 날마다 간음하는 자입니다.

우리의 마음에는 간음하는 죄뿐만 아니라 근본 모든 죄들이 장착되어서 태어났습니다. 우리는 또한 살인하는 자들입니다. 우리의 속에는 살인(殺人)이라는 악독한 마음이 있습니다. 상대방이 나에게 좋게 대할 때는 문제가 없는데, 만일 어떤 자가 큰 손해나 상해를 나에게 입히면 그 사람을 죽이고 싶은 마음이 굴뚝같이 일어납니다. 제가 아는 어떤 분은 소위 법이 없이도 살 만한 분이었는데, 어떤 자가 그분의 선의(善意)를 이용해서 완벽하게 사기를 쳤습니다. 그분은 집도 퇴직금도 다 잃어버렸고 가정도 삶도 풍비박산이 났습니다. 그 후로는 그렇게 선해 보이던 그분이 "그놈을 만나기만 하면 죽여 버리겠다"라고 이를 갈면서 실제로 칼을 품고 "그놈"을 찾아다녔습니다. 만일 여러분이 그런 일을 당했다면, 여러분은 그러지 않을 것 같습니까?

우리의 마음속에 생래적(生來的)으로 장착된 부정(不淨)한 것들을 죄(罪)라 하고, 이것이 어떤 환경이나 자극에 의해서 말이나 생각이나 행동으로 쏟아진 것들을 범죄(犯罪) 또는 허물이라고 합니다. 인간은 원래 살인하는 마음, 간음하는 마음, 도적질하는 마음 등 모든 죄악을 마음에 가지고 태어났기 때문에, 살아가면서 어떤 환경을 만나면 그런 죄악들이 밖으로 쏟아지게 되어 있습니다. 이러한 죄와 허물로 인해서 우리는 지옥에 갈 수밖에 없는 자들입니다(엡 2:1). 이것이 우리의 실존(實存)입니다.

이렇게 우리는 근본 죄인으로 태어나서 평생에 죄만 짓다가 지옥에 갈 수밖에 없는 자들이었습니다. 그런데 하나님께서 우리들을 **"이처럼 사랑하사 독생자를 주셨으니"**(요 3:16), 우리가 그 아들 예수 그리스도께서 드려 주신 **"한 영원한 제사"**(히 10:12)를 믿음으로 거룩함을 얻고 거듭나게 되었습니다. 거듭남이란 지옥에 갈 수밖에 없는 죄인(罪人)이 주님의 진리의 복음을 믿음으로 마음에 흰 눈같이 죄 사함을 받고 의인(義人)으로 변화되는 역사입니다.

따라서 마음에 죄가 있는 사람은 아직 거듭나지 못한 자입니다. 그런데 오늘날 기독교인들은 여전히 마음에 죄가 있는 기독죄인(基督罪人, Christian sinners)으로 남아 있습니다. 그들은 자기들이 정상이고 정통(正統)이라고 생각하지만, 사실은 예수님께서 완성하신 구원의 사역을 제대로 알지 못해서 그들은 예수님을 믿으면서도 기독죄인으로 남아 있는 것입니다. 예수님을 성경대로 믿으면, **"너희 죄가 주홍 같을찌라도 눈과 같이 희어질 것이요 진홍 같이 붉을찌라도 양털 같이 되리라"**(사 1:18) 하신 약속의 말씀이 온전히 이루어져서 의인으로 거듭납니다. "하나님의 외아들인 예수님께서 육신을 입고 이 땅에 오셔서 우리의 죄를 어떻게 없애 주셨는가?"라는 질문에 정답을 말해 주는 것이 바로 **"성경대로"**(고전 15:3)의 복음입니다.

"성경대로"의 복음을 믿지 않으면 거듭날 수 없습니다

남대문 시장의 좌판에 놓여 있는 가방들에 명품의 라벨이 붙어 있다고 그것들이 다 진품은 아닙니다. 이 세상에는 짝퉁이 훨씬 더 많습니다. 복음이면 다 진리의 복음인가? 그렇지 않습니다. 시장의 좌판에는 짝퉁이 더 많듯이, 이 세상에는 사이비(似而非) 복음이 더 많습니다. 어떤 교단은 자기들이 외치는 복음이 "진짜"라고 차별화하기 위해서 복음이라는 단어 앞에, "순(純)"자를 붙였습니다. 제가 아는 어떤 전도자는 자기가 전하는 복음을 "총체적(總體的)" 복음이라고 하면서 제법 많은 돈을 받고 세미나를 여는데, 많은 목회자들이 그 프로그램에 참여한답니다. 그런데 그가 전하는 내용을

검토해 보면 별것도 없습니다.

그러나 **"성경대로"의 복음**이 있습니다. 그 복음은 오늘날의 기독교인들이 믿고 있는 복음들과는 다릅니다. 영적인 세계에 하도 사이비와 짝퉁이 난무하니까, 저는 그 **"성경대로"의 복음**을 "**원형복음**"(原形福音, the Original Gospel)이라고 이름(naming)하였습니다. "원형복음"(原形福音)이란 예수님께서 제자들에게 직접 주셨던 원형 그대로의 복음, 손상을 받거나 변형되지 않은 성경대로의 복음이라는 뜻입니다. 원형복음이 아니면 아무도 거듭나지 못합니다. 사람의 마음에 흰 눈같이 죄 사함을 받게 하는 복음은 원형복음뿐입니다.

사도 요한은 주님께서 제자들에게 주셨던 원형의 복음을 **"성령과 물과 피가 합하여 하나"**(요일 5:8)인 복음이라고 증거했습니다. 성령과 물과 피의 증거를 다 가지고 있는 진리의 복음을 믿어야만 하나님께로서 날 수 있고, 그렇게 거듭난 자만이 세상을 이깁니다. **성령님**께서는 "예수님은 흠 없는 제물이 되려고 육신을 입고 오신 성자(聖子) 하나님이시다"라고 증거합니다. **"물"**은 예수 그리스도께서 인류의 대표자인 세례 요한에게 안수의 형식으로 받으신 세례를 지칭합니다. 베드로 사도는 **"물은 예수 그리스도의 부활하심으로 말미암아 이제 너희를 구원하는 표니 곧 세례라 육체의 더러운 것을 제하여 버림이 아니요 오직 선한 양심이 하나님을 향하여 찾아가는 것이라"**(벧전 3:21)고 말씀하셨습니다. 이 말씀 앞에는 노아의 홍수에 대한 언급이 있는데, 노아의 때에 어떤 일이 있었습니까? 세상이 죄악으로 가득 찼기에, 하나님께서 온 세상을 물로 덮어서 깨끗하게 씻어 주시고 새로운 세상을 열어 주셨습니다. 노아의 홍수와 같은 역사가 바로 예수님께서 받으신 세례의 능력입니다. 예수님께서 받으신 세례로 이 세상의 모든 죄와 허물은 예수님께 다 쓸려 넘어가서 이 세상에는 **"모든 의"**(마 3:15)가 이루어졌습니다. 그 세례로 예수님은 **"세상 죄를 지고 가는 하나님의 어린 양"**(요 1:29)이 되셨습니다. 예수님은 받으신 세례로 인류의 모든 죄를 짊어지고 십자가로 가셔서 당신의 거룩한 피를 흘리시고 마지막에 **"다 이루었다"**(요 19:30) 하고 크게 외치신 후 돌아가셨다가 제삼 일에 부활하셨습니다.

예수님께서 받으신 세례의 중요성

예수님이 받으신 세례의 의미와 능력을 알고 믿지 아니하면 아무도 거듭날 수 없습니다. 예수님은 여자의 몸에서 난 자 중에 가장 큰 자(마 11:11) 즉 인류의 대표자인 세례 요한에게 안수의 형식으로 세례를 받으셨습니다. 그때에 주님은 세례 요한에게 준엄하게 명령하셨습니다: **"이제 허락하라 우리가 이와 같이 하여 모든 의를 이루는 것이 합당하니라"**(마 3:15). 주님의 명령을 받고 세례 요한은 순종했습니다. **"우리가 이와 같이 하여"**라는 말씀은 "너(요한)는 내(예수님의) 머리에 안수를 하여 세상의 모든 죄를 다 나에게 넘김으로써"라는 뜻입니다. 안수(按手)의 형식으로 베풀어진 예수님의 세례로 이 세상에는 **모든 의가 "합당"**하게 이루어졌습니다. 세례 요한의 직계 조상인 대제사장 아론이 대속죄일(大贖罪日)에 아사셀 염소의 머리에 대표로 안수해서 이스라엘 백성의 일 년 치 죄를 단번에 넘겼습니다. 그 제사는 **"장차 오는 좋은 일의 그림자"**(히 10:1)였습니다. 즉 구약의 대속죄일의 제사는 예수님께서 드려 주실 **"한 영원한 제사"**(히 10:12)의 예고편이었습니다.

대속죄일의 제사에서 만일 아론이 준비된 숫염소의 머리에 안수도 하지 않고 그 염소를 광야에 내버렸다면, 그것은 불법(不法)의 제사였습니다. 안수(按手)는 "죄가 전가(轉嫁)된다"라는 뜻입니다. 대속죄일에 베풀었던 대제사장의 안수(按手)는 바로 안수의 방법으로 죄를 담당하신 예수님의 세례의 예고편이었습니다. **"그 세례"**(행 10:37)로 저와 여러분의 모든 죄가 예수님의 육체로 전가(轉嫁, 옮겨 심김)되어, 예수님은 **"세상 죄를 지고 가는 하나님의 어린양"**(요 1:29)이 되셨습니다. 그런데도 오늘날의 기독교인들은 예수님께서 받으신 세례가 무슨 뜻이며 그 세례 안에 어떤 능력이 있는지를 전혀 알지 못하기에, 그들은 기독죄인(基督罪人)으로 남아 있습니다.

자, 저와 여러분의 모든 죄가 예수님께서 받으신 세례로 이미 예수님께로 넘어갔습니까, 넘어가지 않았습니까? 넘어갔습니다. 우리는 생각이 굉장히 편협(偏狹)합니다. "2,000년 전에 오신 예수님이 나와 무슨 상관이 있을까? 예수님께서 그때에 세례를 받으셨다고 해서, 2,000년이 지난 지금의 내가 짓고 있는 죄가 그때 과연 넘어갔을까?" 하는 의문을 품는 사람은 진리의 복음을 수용하기가 어렵습니다. 진리의 원형복음은 주먹 두 개만 한 우리의 뇌로는 수용하기가 어려운 말씀입니다. 그러나 자기 생각을 내려놓고 기록된 하나님 말씀을 믿는 것이 믿음입니다.

자기의 생각을 부인하고 말씀을 믿는 믿음

올바른 믿음이 무엇인지를 깨닫게 하시려고 예수님께서는 니고데모에게 **"모세가 광야에서 뱀을 높이 든 것같이 인자도 들려야**

하리니"라고 말씀하셨습니다. 이스라엘 백성이 모세의 인도로 애굽을 탈출해서 광야에 있었습니다. 그때에 백성들은 길이 험난하고 삶이 고달파서 모세와 하나님을 원망했습니다. 심지어 모세를 죽이고 애굽으로 다시 돌아가고자 하는 무리들까지 있었습니다. 그래서 하나님께서는 그들에게 불뱀을 보내셨습니다. 불뱀에 물리면 치사율이 100%입니다. 이스라엘 백성의 천막들마다 뱀에 물려 죽어가는 사람들의 절규와 통곡이 가득했습니다. 그런 상황이 되자 백성들은 자기들이 잘못했노라고 하나님께 용서를 구했습니다. 모세가 하나님께 나아가서 간절히 기도했더니, 하나님께서 "놋뱀을 만들어서 장대 끝에 높이 달라" 하시며 "누구든지 그 놋뱀을 쳐다보는 자는 살리라"라고 선포하게 하셨습니다. 백성들은 모세가 전한 "기쁜 소식"을 들었습니다. 그런데 생각해 보세요! "지금 내가 뱀에 물려서 다리는 썩어 들어가는데, 기어나가서 놋뱀을 쳐다본들 살겠나?" 하고 생각하는 사람은 모세가 전한 말씀을 믿을 수 없었습니다. "놋뱀을 쳐다보면 산다"라는 말씀을 믿지 않는 사람들은 죽어가면서도 놋뱀을 쳐다보지 않았습니다. "물에 빠진 사람은 지푸라기라도 붙잡는다"라는 속담대로, 모세가 선포한 "기쁜 소식"을 믿은 자들은 기를 쓰고 자기의 천막에서 기어나가서 놋뱀을 믿음으로 쳐다보았습니다. 그랬더니 쳐다본 사람은 순식간에 모든 독이 사라지고 살아났습니다.

2,000년 전에 예수님께서 요단강에서 세례 받으실 때에 우리 인류의 모든 죄가 예수님께로 다 넘어갔다고 성경은 기록하고 있습니다. 이것은 한 점 한 획도 거짓이 없는 하나님의 말씀입니다. 그러면 오늘날까지 저와 여러분들이 지은 죄도 세상 죄에 포함됩니까, 포함되지 않습니까? 또 앞으로 우리는 죄를 짓겠습니까, 짓

지 않겠습니까? 저는 앞으로도 죄를 짓습니다. 장차 우리가 지을 죄도 세상 죄에 포함됩니다. 그 죄도 예수님께서 가져갔습니다. 세상 죄는 아담에서부터 세상 종말까지의 모든 죄를 다 포함합니다. 예수님께서 안수(按手)의 형식으로 받으신 세례로 세상 죄를 짊어지고 십자가로 가셨습니다. 주님은 저와 여러분이 못 박혀서 죽어야 할 그 자리에서, 우리를 대신해서 피를 흘리시고 마지막에 **"다 이루었다"**라고 크게 외치신 후 돌아가셨습니다. 그리고 주님은 제 삼 일에 부활하셨습니다.

우리는 진리의 원형복음(原形福音)을 만났습니다. 사도 요한은 예수님을 가리켜 **"물과 피로 임하신"**(요일 5:6) 분이라고 선포했습니다. 요한은 예수님의 구원 사역을 **"물과 피,"** 즉 예수님의 세례와 십자가의 죽으심으로 축약해서 선포했습니다. 거듭남을 키워드(keyword)로 선포한 요한복음은 이 진리를 강조합니다.

예수님께서 보리떡 다섯 개와 물고기 두 마리로 오천 명을 배불리 먹이신 후에, 썩을 양식만을 구하는 무리를 향해서, **"내 살을 먹고 내 피를 마시는 자는 영생을 가졌고 마지막 날에 내가 그를 다시 살리리니 내 살은 참된 양식이요 내 피는 참된 음료로다"**(요 6:54-55)라고 말씀하셨습니다. 신약성경에서 주님의 살, 몸, 육체는 예수님께서 받으신 세례를 전제하는 단어입니다. 성자 하나님께서 육신(몸, 살)을 입고 이 땅에 오신 이유는, 당신의 몸(살)에 안수의 형식으로 세례를 받아서 세상 죄를 담당하기 위함이었습니다. 또한 예수님께서 잡히시던 날 저녁에도, 최후의 만찬을 나누시던 중에, 주님은 성만찬(聖晩餐)의 예식을 세워 주셨습니다. 주님은 떡을 들어서 감사의 기도를 드리신 후에, **"받아 먹으라 이것이 내 몸이니라"**(마 26:26) 하시고 또 포도주 잔을 저희에게 주시며, **"너희가 다 이것을 마시라 이것은 죄 사함을 얻게 하려고 많은 사람을 위하여 흘리는바 나의 피 곧 언약의 피니라"(마 26:27-28)고 말씀하셨습니다. 이 또한 제자들이 **"물과 피의 복음"**을 영원히 기억하게 하기 위해서 세우신 예식입니다.

또 예수님께서 십자가에서 돌아가신 후에, 군병들이 예수님께서 이미 죽은 것을 보고 한 군병이 창으로 주님의 옆구리를 찔렀습니다. 그러자 **"곧 피와 물이 나오더라 이를 본 자가 증거하였으니 그 증거가 참이라 저가 자기의 말하는 것이 참인 줄 알고 너희로 믿게 하려 함이니라"**(요 19:34-35)고 사도 요한은 기록하고 있습니다. 사도 요한이 주님의 늑방에서 **"피와 물"**이 따로 흘러나온 사건을 중요한 증거로 제시한 사실에 유의해야 합니다. 예수님은 우리를 모든 죄에서 완전하게 구원하신 증거가 **"물과 피의 복음"**임을 당신의 시신으로라도 다시 한번 확증하셨습니다.

"사람이 물과 성령으로 나지 아니하면 하나님 나라에 들어갈 수 없느니라"(요 3:5)고 말씀하신 부분에서도, **"물"**은 예수님께서 받으신 세례입니다. 예수님의 세례 안에는 인류의 죄를 담당하신 진리 외에도 십자가의 죽으심과 부활이 다 함축(含蓄)되어 있습니다. 인류의 대표자인 세례 요한이 예수님의 머리에 안수(按手)할 때에 세상 죄가 단번에 예수님께로 넘어갔습니다. 그리고 예수님께서 물에 푹 잠기신 것은 장차 십자가에서 돌아가실 것을 계시하고, 물에서 다시 올라오신 것은 주님의 부활을 계시합니다. 우리가 **"성령과 물과 피가 합하여 하나"**(요일 5:8)라고 선포하는 진리의 원형복음(原形福音)을 믿을 때에, 성령께서 **"네 믿음이 옳도다. 소자야 네 죄 사함을 받았느니라"** 하시며 우리 마음에 성령으로 구원의 인(印)을 쳐 주십니다.

이제 여러분은 진리의 원형복음을 100% 믿습니까? 그러면 여러분은 거듭난 하나님의 자녀이며 성령님께서 여러분 마음에 거하십니다. **"사람이 물과 성령으로 난다"**라는 말씀은 물과 피와 성령의 증거가 하나로 된 원형복음(原形福音)을 믿어서 죄 사함 받고 의인으로 거듭난다는 뜻입니다.

너무 쉽고 너무 분명한 말씀인데도 영적인 청맹과니들은 이 말씀을 전혀 모릅니다. "십자가의 피만의 복음"을 믿고 전하는 자들은 자전거에서 앞바퀴를 떼어 버리고 "이것이 온전한 자전거다"라고 속여서 파는 사기꾼과 같습니다. 그런데도 오늘날에는 앞바퀴를 떼어 버린 자전거와 같은 반쪽짜리 사이비 복음을 온전한 복음이라고 믿는 자들이 온 세상을 덮고 있습니다. 소경이 소경을 인도하면 둘 다 구덩이에 빠질 뿐입니다

하나님의 은혜로 거듭난 우리들은 그런 이들을 바라보며 참으로 안타깝게 여깁니다. 소경된 목자들은 제발 선생질을 그만하시고 자신들부터 거듭나야 합니다. 그래야만 영적인 눈을 뜨고서 심령이 가난한 죄인들을 진리의 원형복음으로 인도해서 거듭나게 할 수 있습니다.

예수께서 대답하시되
진실로 진실로 네게 이르노니
사람이 물과 성령으로 나지 아니하면
하나님 나라에 들어갈 수 없느니라

(요3:5)

빛보다 어두움을 더 사랑하는 자들

"하나님이 세상을 이처럼 사랑하사 독생자를 주셨으니 이는 저를 믿는 자마다 멸망치 않고 영생을 얻게 하려 하심이니라 하나님이 그 아들을 세상에 보내신 것은 세상을 심판하려 하심이 아니요 저로 말미암아 세상이 구원을 받게하려 하심이라 저를 믿는 자는 심판을 받지 아니하는 것이요 믿지 아니하는 자는 하나님의 독생자의 이름을 믿지 아니하므로 벌써 심판을 받은 것이니라
그 정죄는 이것이니 곧 빛이 세상에 왔으되 사람들이 자기 행위가 악하므로 빛보다 어두움을 더 사랑한 것이니라 악을 행하는 자마다 빛을 미워하여 빛으로 오지 아니하나니 이는 그 행위가 드러날까 함이요 진리를 좇는 자는 빛으로 오나니 이는 그 행위가 하나님 안에서 행한 것임을 나타내려 함이라 하시니라"(요한복음 3:16-21).

오늘의 본문은 "빛을 사랑하는 자라야 거듭난다. 빛보다 어둠을 더 사랑하는 자는 결코 거듭나지 못한다"라고 말씀합니다. 하나님께서 당신의 외아들이신 예수님을 전 인류의 대속(代贖) 제물로 보내 주셔서 그 아들로 인하여 우리가 값없이 구원을 받게 하셨습니다. 하나님의 뜻은 우리를 심판해서 지옥에 보내시려는 것이 아닙니다. 하나님께서는 오직 모든 사람이 당신의 아들의 이름을 믿음으로 죄 사함을 받고 천국 영생에 들어가기를 원하십니다. 예수 그리스도께서 "물과 피로 임"(요일 5:6)하셔서 행하신 구원의 사역이 인류의 모든 죄를 깨끗이 없애 놓았습니다. 이제 누구든지 자기가

지옥에 가야 할 죄인이라고 시인하고 주님께서 **"물과 피"**로 임하셔서 완성하신 진리의 복음을 믿기만 하면 단번에 죄 사함을 받고 하나님의 자녀가 되어 영생의 축복을 누릴 수 있습니다. 하나님의 아들을 믿는 자는 값없이 구원을 받지만, 그 아들을 믿지 않는 자는 영원한 지옥의 판결을 받습니다.

"하나님의 독생자의 이름"이란?

"저를 믿는 자는 심판을 받지 아니하는 것이요 믿지 아니하는 자는 하나님의 독생자의 이름을 믿지 아니하므로 벌써 심판을 받은 것이니라"(요 3:18).

하나님의 아들이신 예수 그리스도를 믿는 자는 죄 사함을 받고 영생을 얻습니다. 그러나 **"하나님의 독생자의 이름"**을 믿지 않는 자는 지옥의 심판을 받게 됩니다. 성경에서 **"이름"**은 본질(本質)을 말합니다. 하나님의 독생자의 이름은 **예수 그리스도**입니다. **"예수"**(Jesus)라는 이름의 뜻은 **"구원자"**(마 1:21)이고, **"그리스도"**는 **"기름부음을 받은 왕"**이라는 뜻입니다. 구약성경에는 기름부음을 받는 세 직분(職分)이 정해져 있는데, 그들은 왕과 선지자와 제사장입니다. 예수 그리스도는 이 세 직분을 모두 겸한 분으로 이 땅에 오셨습니다.

첫째로 **예수님은 만왕**(萬王)**의 왕**입니다. 예수님은 말씀으로 우주를 지으시고 다스리시는 전능한 왕(통치자)입니다. 우주의 통치자이신 분이 우리 가운데 육신을 입고 오셨습니다. 둘째로 선지자는 하나님의 진리의 말씀을 대언(代言)하는 자인데, 예수님은 하나님께서 모세에게 약속하신 **"그 선지자"**(신 18:18, 요 1:21)입니다.

예수님은 말씀이 사람이 되어 오신 진리의 하나님입니다. 예수님은 전 인류에게 진리의 말씀을 전해 주러 오신 분입니다. 셋째로 **예수님은 멜기세덱의 반차(班次)를 좇은 하늘의 대제사장**입니다. 예수님은 땅의 대제사장이 아니라 영원부터 영원까지 계신 하늘의 대제사장(大祭司長)입니다..

이렇게 만왕의 왕이시고 **"그 선지자"**이시고 하늘의 대제사장이신 분이 구원자 예수 그리스도로 이 땅에 오셨습니다. 예수님은 육신을 입고 **"물과 피로 임"**(요일 5:6)하셔서 우리 인류의 모든 죄를 흰 눈같이 깨끗하게 없애 주셨습니다. 예수님은 요단강 물에 임하셔서 인류의 대표자인 세례 요한에게 안수(按手)의 형식으로 세례를 받으심으로, 인류의 모든 죄를 당신의 육체에 넘겨받으셨습니다. 세례를 받으실 때에 예수님은 세례 요한에게 **"이제 허락하라 우리가 이와 같이 하여 모든 의를 이루는 것이 합당하니라"**(마 3:15) 하고 준엄하게 명령하셨습니다. 주님의 명령에 따라, 세례 요한은 예수님의 머리에 안수(按手)하여 세상의 모든 죄를 전가(轉嫁, 옮겨 심음)시켰습니다. 그래서 예수님께서 세례를 받으신 이튿날에, 세례 요한은 주님께서 자기 앞을 지나가시는 것을 보고, **"보라 세상 죄를 지고 가는 하나님의 어린 양이로다"**(요 1:29)라고 증거했던 것입니다. 예수님은 요단강의 물에서 안수의 형식으로 받으신 세례로 인류의 모든 죄를 짊어지고 십자가로 가셨습니다. 주님은 십자가에 못 박혀서 저와 여러분의 죄를 대신하는 대속(代贖)의 피를 흘리시고 **"다 이루었다"**(요 19:30) 하고 크게 외치신 후에 돌아가셨습니다.

하나님의 독생자인 예수 그리스도께서 물과 피로 임하셔서 우리의 모든 죄와 허물을 깨끗하게 없애 주셨습니다. 이 진리의 복음,

즉 **"물과 피의 복음"**이 **"하나님의 독생자의 이름"**입니다. 이제 누구든지 예수님께서 행하신 의로운 사역을 마음으로 믿으면 죄 사함을 받습니다. 우리의 죄악이 주홍 같을지라도 예수님의 세례로 우리의 모든 죄가 예수님께 다 넘어갔다는 사실과, 주님께서 세상 죄를 짊어지고 십자가로 가셔서 **"다 이루었다"**라고 외치시기까지 대속의 피를 흘려 주셨다는 사실을 믿으면, 누구나 값없이 죄 사함을 받고 하나님 자녀가 되어서 영생을 누리게 됩니다. 이제 하나님의 독생자의 이름을, 즉 예수 그리스도께서 물과 피로 임하셔서 우리를 온전히 구원하신 진리의 원형복음을 믿는 자는 결코 심판을 받지 않습니다.

예수 그리스도의 이름을 믿지 않는 자들

그러나 절대다수의 기독교인들은 예수 그리스도의 이름을 믿지 않습니다. 그들은 예수님이 물과 피로 임하셔서 우리를 그 모든 죄에서 구원하셨다는 진리의 복음을 거부하고, "에이, 이 많은 사람들이 십자가의 피만 믿는데 꼭 그렇게 믿어야 되냐? 나는 십자가의 피만 믿겠다"라고 고집을 부립니다. 그런 사람은 **"하나님의 독생자의 이름"**을 믿지 않았기에 반드시 하나님의 심판을 받습니다.

"그 정죄는 이것이니 곧 빛이 세상에 왔으되 사람들이 자기 행위가 악하므로 빛보다 어두움을 더 사랑한 것이니라"(요 3:19).

하나님께서는 당신의 독생자의 이름을 믿지 않는 자들에게 유죄판결(有罪判決)을 내리십니다. 그들이 하나님의 사랑을 거부했기 때문입니다. 하나님께서 우리를 어둠(죄)에서 구원하기 위해서 당신의 외아들을 빛으로 보내셨는데, 사람들이 자기 행위가 악하므로 빛보다 어둠을 더 사랑했습니다. 여기에서 "자기 행위가 악하다"라는 말씀은 행실(行實)이 괴악하고 못된 측면을 지적하는 말씀이 아닙니다. 그 말씀은 자기 생각을 끝까지 고집하며 하나님의 진리의 말씀을 받아들이지 않는 것을 의미합니다. 예를 들자면, 주님은 **"죄의 삯은 사망"**(롬 6:23)이라고 말씀하셨습니다. 이 말씀은 마음에 죄가 있으면 지옥에 간다는 뜻입니다. 예수님을 믿으면서도 마음에 죄가 있는 기독죄인(基督罪人)들은 지옥에 갑니다. 그것이 진리입니다. 그런데 많은 기독교인들은 마음에 죄가 있으면서도 자기들은 절대로 지옥에 가지 않는다고 생각합니다. 하나님의 말씀이 분명한데도 끝까지 자기 생각을 고집하는 것이 가장 악한 행실입니다.

또한 주님은 **"성령과 물과 피가 합하여 하나"**(요일 5:8)라고 말씀하셨습니다. 성령과 물과 피의 증거를 다 포함된 복음이 온전한 진리의 복음이라는 뜻입니다. 사도 바울은 "이 복음 외에 다른 복음은 없으며, 다른 복음을 전하면 저주를 받는다"라고 선포했습니다. 그런데 대부분의 기독교인들은 진리의 복음을 듣고서 어떻게 반응합니까? 그들은 "아니, 나는 이런 말씀을 들어본 적이 없어! 우리 교단에서는 예수님이 십자가의 피로만 우리를 구원하셨다고 가르치는데, 도대체 당신은 지금 무슨 소리를 하는거여!" 하고 대적합니다. 하나님의 말씀은 덮어놓고, 자기 생각을 끝까지 고집하는 것이 악한 행실입니다. 하나님의 빛 된 말씀 앞에서 내 생각을 끝까지 들이대는 악행 때문에 기독죄인(基督罪人)들은 **"죄 사함으로 말미암는 구원"**(눅 1:77)을 받지 못합니다.

요한복음은 거듭남의 복음입니다. 요한복음에는 거듭남의 비밀이 풍성하게 계시되어 있습니다. 그런데 왜 사람들에게 요한복음을 자세히 풀어주어도 그들은 거듭나지 못합니까? 그들은 자기 생각을 부인하지 못하고 사단 마귀의 거짓말인 어두움을 더 사랑하기 때문입니다. 진리의 복음을 들은 기독죄인들은, "말씀이 맞기는 맞는데, 그렇다면 이 많은 사람들이 다 지옥에 간다는 말이냐?" 하며 자기 생각을 끝까지 부인하지 않습니다. 특히 목사님들은 이미 자기 확신으로 굳어져 있기 때문에 거듭나기가 정말 어렵습니다. 신학교에서 배운 어줍잖은 지식들이 그들의 마음밭을 다져 놓아서 그들의 마음밭은 길가의 밭같이 강퍅하게 되었습니다. 기독죄인(基督罪人)들은 하나님의 말씀이 아닌 것들을 다 배설물로 여겨야만 죄 사함을 받고 거듭날 수 있습니다. 진리의 말씀이 자기 앞에 왔는데도 "말씀이 맞긴 맞지만…" 하며 자기의 생각과 지식들을 지키려고 고집하면, 그런 사람의 마음에는 빛이 들어갈 수 없습니다. 성경 말씀이 그렇다고 하면 자기의 생각을 꺾어 버리고 말씀을 받아들여야만 빛의 자녀로 거듭날 수 있습니다.

진리를 좇는 자는 빛으로 나옵니다

"**진리를 좇는 자는 빛으로 오나니 이는 그 행위가 하나님 안에서 행한 것임을 나타내려 함이라 하시니라**"(요 3:21).

지금까지는 자기 생각이 어떠했든지, 하나님의 말씀이 그러하다고 기록되어 있으면 자기의 생각을 확 꺾어 버리고 말씀을 따라가는 것이 선한 행실입니다. 그런 사람이 진리의 빛을 좇는 자이고 하나님 안에서 행하는 자입니다. 사람의 생각은 항상 악합니다. 노아의 시대에, "**여호와께서 사람의 죄악이 세상에 관영함과 그 마음의 생각의 모든 계획이 항상 악할 뿐임을 보시고 땅 위에 사람 지**

으셨음을 한탄하사 마음에 근심"(창 6:5-6)하셨습니다. 사람의 "마음의 생각의 모든 계획이 항상 악"하다고 말씀하셨습니다. 여러분도 이 사실을 인정해야 합니다. 어떤 이들은 자기가 엄청 선하다고 생각합니다. 그런 이들은 자기의 옳음(의)과 잘못된 신념 때문에 믿음의 세계로 들어가기가 어렵습니다.

예수님께서는 **"아무든지 나를 따라 오려거든 자기를 부인하고 자기 십자가를 지고 나를 좇을 것이니라"**(막 8:34)고 말씀하셨습니다. 자기 생각은 항상 악하기 때문에, 우리는 자기의 생각을 부인해야 합니다. 인간의 생각은 배설물과 같은 것입니다. 자기 생각의 굴에 들어앉아 있으면 주님의 세미한 음성을 듣지 못합니다. 엘리야가 갈멜산에서 거짓 선지자들과 대결해서 큰 승리를 거둔 후에 아합 왕과 이세벨 왕비가 두려워서 도망을 갔습니다. 우여곡절 끝에 호렙 산에 도착해서 거기 있는 굴에 숨었습니다. 그때에 하나님께서 엘리야를 부르시려고 놀라운 권능을 보여 주셨습니다. 산을 쪼개고 바위를 부수는 크고 강한 바람이 지나가기도 하고, 지진이 나기도 하고, 불이 지나가기도 했는데, 하나님께서는 그 가운데 계시지 않았습니다. 능력이나 기적 같은 것들을 좋아하지 마십시오. 하나님은 그런 것들 가운데 계시지 않습니다. 엘리야가 옷소매로 얼굴을 가리고 동굴 어귀로 나가서 서자, 세미한 소리로 주님께서 말씀하셨습니다. 하나님은 세미한 음성 가운데 계십니다. 우리가 자기 생각의 동굴에서 벗어나서 당신의 빛 된 말씀을 향해서 서면, 진리의 빛으로 오신 하나님은 세미한 음성으로 우리에게 말씀하십니다. 우리가 어려움을 겪게 되면 자기 생각의 동굴에 더욱더 깊이 빠져들어갑니다. 그러나 우리가 자기 생각의 동굴을 빠져나가서 하나님 앞에 서기만 하면 하나님의 세미한 음성을 듣게 됩니다.

우리의 생각은 어려서부터 100% 악합니다. 자기의 생각이 바로 어두움입니다. 빛보다 어두움을 더 사랑하는 자란, 하나님의 말씀은 분명히 "이렇다"라고 기록되어 있는데도, 자기 생각의 동굴에 들어앉아서 끝까지 자기 생각을 고집하며 말씀을 외면하는 자입니다. 그런 자가 바로 **"행실이 악한 자"**입니다. 진리의 말씀 앞에서 자기 생각을 끝까지 주장하는 자들은 결코 죄 사함을 받지 못합니다. 하나님의 진리의 말씀이 자기 앞에 왔을 때에 자기 생각을 꺾어 버리고 주의 말씀을 따라가는 것이 **"착한 행실"**입니다. 하나님의 말씀을 좇아서 빛으로 나아오는 자라야 빛의 자녀로 거듭납니다. 그런데 자기 생각을 끝까지 고집하면서, "그러면 십자가의 피만을 믿는 훌륭한 신학박사님들이 거듭나지 못했단 말이냐? 그들도 지옥에 간다는 말이냐?"하고 하나님의 말씀을 대적하는 자는 결국 지옥에 갑니다. 물과 피의 복음 외에는 다른 복음은 없습니다. 하나님의 진리의 말씀 앞에서, 빛으로 오신 우리 주님 앞에서, 끝까지 자기 생각을 고집하는 **"악한 행실"**을 하나님은 반드시 정죄(定罪)하십니다. 그런 자는 결코 구원을 받지 못합니다.

"오늘날 너희가 그의 음성을 듣거든 노하심을 격동할 때와 같이 너희 마음을 강퍅케 하지 말라"(히 3:15)고 말씀하셨습니다. 하나님의 진리의 말씀을 듣거든 우리는 베뢰아 사람들처럼 말씀이 그러한가 상고하고서 말씀이 그렇다 하면 자기의 생각을 과감하게 버려야 합니다. 그까짓 것 목사나 신학박사나 총회장이 무슨 대단한 신분입니까? 그런 타이틀을 움켜쥐고 끝까지 자기 생각을 고집하다 지옥에 가야 하겠습니까? 모든 것들을 잃어버리는 한이 있더라도 하나님의 말씀을 좇기 위해서 자기 생각을 부인하는 사람은 죄 사함 받고 거듭나서 하나님의 자녀가 됩니다. 그래서 진리의 복음은 겁쟁이들의 것이 아닙니다. 천국의 복음은 용기 있는 자들의 것입니다. 모든 것을 다 잃어버릴지라도 과감하게 진리의 말씀을 좇는 자라야 **"하나님의 독생자의 이름"**인 진리의 원형복음(原形福音)을 믿어서 죄 사함 받고 거듭나는 축복을 누리게 됩니다.

할렐루야!

하나님이 세상을 이처럼 사랑하사
독생자를 주셨으니
이는 저를 믿는 자마다
멸망치 않고
영생을 얻게 하려 하심이니라
(요 3:16)

목마른 자를 만나 주시는 주님

"예수의 제자를 삼고 세례를 주는 것이 요한보다 많다 하는 말을 바리새인들이 들은 줄을 주께서 아신지라 (예수께서 친히 세례를 주신 것이 아니요 제자들이 준 것이라) 유대를 떠나사 다시 갈릴리로 가실째 사마리아로 통행하여야 하겠는지라 사마리아에 있는 수가라 하는 동네에 이르시니 야곱이 그 아들 요셉에게 준 땅이 가깝고 거기 또 야곱의 우물이 있더라 예수께서 행로에 곤하여 우물 곁에 그대로 앉으시니 때가 제 육시쯤 되었더라

사마리아 여자 하나가 물을 길러 왔으매 예수께서 물을 좀 달라 하시니 이는 제자들이 먹을것을 사러 동네에 들어갔음이러라 사마리아 여자가 가로되 당신은 유대인으로서 어찌하여 사마리아 여자 나에게 물을 달라 하나이까 하니 이는 유대인이 사마리아인과 상종치 아니함이러라

예수께서 대답하여 가라사대 네가 만일 하나님의 선물과 또 네게 물좀 달라 하는 이가 누구인줄 알았더면 네가 그에게 구하였을 것이요 그가 생수를 네게 주었으리라 여자가 가로되 주여 물 길을 그릇도 없고 이 우물은 깊은데 어디서 이 생수를 얻겠삽나이까 우리 조상 야곱이 이 우물을 우리에게 주었고 또 여기서 자기와 자기 아들들과 짐승이 다 먹었으니 당신이 야곱보다 더 크니이까 예수께서 대답하여 가라사대 이 물을 먹는 자마다 다시 목마르려니와 내가 주는 물을 먹는 자는 영원히 목마르지 아니하리니 나의 주는 물은 그 속에서 영생하도록 솟아나는 샘물이 되리라

여자가 가로되 주여 이런 물을 내게 주사 목마르지도 않고 또 여기 물 길러 오지도 않게 하옵소서 가라사대 가서 네 남편을 불

러 오라 여자가 대답하여 가로되 나는 남편이 없나이다 예수께서 가라사대 네가 남편이 없다 하는 말이 옳도다 네가 남편 다섯이 있었으나 지금 있는 자는 네 남편이 아니니 네 말이 참되도다 여자가 가로되 주여 내가 보니 선지자로소이다"(요한복음 4:1-19).

사마리아 지방은 유대와 갈릴리 사이에 있습니다. 그래서 유대 지방에서 갈릴리 지방으로 가려면 사마리아를 지나가야만 했습니다. 우리나라로 비유하자면, 강원도가 갈릴리라면 경상북도가 사마리아 땅이고 경상남도가 유대 땅인 셈입니다. 이스라엘 나라의 면적은 약 2만 ㎢ 정도이고 우리나라 남한의 면적이 10만 ㎢ 이니, 이스라엘의 국토는 남한의 1/5 정도입니다. 따라서 이스라엘은 경상남북도와 강원도를 합한 면적의 절반 정도 됩니다. 예수님께서 남쪽인 유대 지방에서 복음을 전하시다가 이제 고향인 북쪽의 갈릴리로 돌아가시려고 사마리아 땅을 지나게 되었습니다. 이스라엘의 남북 왕조 시대에 사마리아 지방은 이방 족속의 식민지가 되어서, 사마리아인들에게 이방인들의 피가 섞였기 때문에 유대인들은 그들을 이방인으로 여겼습니다. 그래서 유대인들은 사마리아 사람들을 천대하며 그들과 말도 섞지 않았습니다. 게다가 예수님께서 말을 건 사람은 사마리아의 남자도 아니고 여자였습니다. 그 당시에는 남존여비(男尊女卑) 사상이 심해서 여자는 숫자에도 안 쳤습니다. 당시에는 유대에서 오신 선생 같은 분이 사마리아의 여자에게 말을 거는 일이 있을 수 없었습니다.

그러나 주님은 구원받을 만한 자를 반드시 만나 주십니다. 오늘의 본문 말씀은 "**이 땅의 것으로는 영적인 갈증을 결코 해결할 수 없는 자라야 주님을 만나서 주님이 주시는 궁창 위의 물을 마시고**

거듭난다"라는 교훈입니다. 즉 영적으로 목마른 자라야 주님께서 주시는 진리의 생수를 마시고서 영원히 목마르지 아니하는 해갈(解渴)을 얻는다는 말씀입니다. 주님은 오늘의 본문 말씀을 통해서 "어떤 자가 거듭남의 은혜를 입으며, 또 사람이 어떻게 거듭나는가?" 하는 질문에 다시 한 번 해답을 주십니다.

이 사마리아 여자는 아주 곤고(困苦)했습니다. 당시 이스라엘의 시간으로 제 육시(六時)는 지금의 정오(正午)입니다. 사마리아 여자처럼, 우리 인생들은 타는 목마름을 가지고 삽니다. 한낮의 뜨거운 땡볕을 받으며 타는 목마름을 해갈하기 위해서 물을 길러 나갈 수밖에 없는 것이 우리 인생들입니다. 우리 인생은 곤비합니다. 우리는 영육간의 목마름을 어떻게 하든지 해결하면서 살아가야 하는데, 그것이 그리 쉽지는 않습니다. "그런 말씀 마세요! 금수저 물고 태어난 애들은 어려서부터 아무 걱정도 없이 잘만 삽니다" 하고 여러분은 반박하실 수 있습니다. 물론 그런 사람들도 있지만 그걸 부러워하면 안됩니다. 부족한 것이 없는 것이 그들에게는 저주입니다. 인생에서 공허함과 목마름을 겪을 겨를조차 없는 사람은 절대로 거듭날 수 없습니다. 부자가 천국에 들어가는 것은 낙타가 바늘귀로 들어가는 것보다 더 어렵다고 주님은 말씀하셨습니다. 물론 주님께서 말씀하신 부자는 영적인 부자를 의미합니다. 자기 옳음(의)의 부자는 결코 죄 사함을 받지 못한다는 말씀입니다. 그러나 재물이 많은 부자도 실제로 거듭나기 어렵습니다. 이 세상에서 부족할 것이 없고 목마르지도 않는 사람은 거듭나기가 어렵습니다. 그러니까 금수저를 물고 태어나지 못한 것을 불평하거나, 또 "내가 그때 그랬더라면 세상에서 성공했을텐데" 하며 자기의 처지를 한탄하지 마십시오.

땅의 것으로 만족할 수 없는 자라야 주님을 만납니다

주님은 목마른 사마리아 여자를 만나 주셨습니다. 이 땅의 것으로는 결코 참된 만족을 누릴 수 없는 영적인 심령이라야 주님을 만날 수 있습니다. 사람은 욕망 덩어리입니다. 사람의 속에는 각종 욕망이 불타고 있습니다. 인간의 욕망이 불타기 시작하면 그 불을 끌 길이 없습니다. 그 욕망이 그래도 좀 건전한 것이면 다행인데, 대부분의 경우에 그렇지가 못합니다.

나에게 "이것"만 있으면 참으로 행복하겠다고 여기는 욕망의 대상을 일컬어서 3P라고 합니다. 3P란 P로 시작하는 세 개의 단어인데, Property(재산), Prestige(지위), 그리고 Power(권력)입니다. 이 세 가지 P는 모든 사람들이 목숨 걸고 추구하는 것들입니다. 그래서 3P를 사회적 가치(Social values)라고 일컫습니다. 그중에서도 "돈"으로 대표되는 자산(Property)이 가장 대표적인 사회적 가치(social value)입니다. 사람들이 어느 정도 돈을 벌면, 그 다음에는 "명예(Prestige)"를 추구합니다. 그리고 사람들은 최종적으로 권력(Power)에 탐닉하게 됩니다. 상류사회는 돈 있는 자들, 사회적으로 명망(名望)이 있는 자들, 그리고 권력이 있는 자들의 카르텔이라고 말할 수 있습니다.

그런데 3P를 많이 가지고 있다고 사람이 "다시는 목마르지 않는" 참된 만족과 행복을 누리느냐? 그렇지 않습니다. 3P는 성경에서 **"이생의 자랑"**에 해당되는데, 그것들은 **"육신의 정욕과 안목의 정욕"**(요일 2:16)과 더불어서 결코 채울 수 없는 터진 웅덩이와 같은 것들입니다. 요즘 재벌 3세들이 마약 문제로 기소되었다는 기사를 우리는 자주 대하게 됩니다. 그들에게는 돈과 명예와 권력이 다 있습니다. 새파란 20대에 대기업의 임원을 맡기도 합니다. 그런데도 그들의 욕망은 채워질 수 없기때문에 그들은 마약에 손을 대는 것입니다.

"♬ 술 마시고 노래하고 춤을 춰봐도 가슴엔 하나 가득 슬픔뿐이네~~♬"라는 "고래사냥"의 가사처럼, 인간은 이 땅의 어떤 것으로도 참된 만족을 누리지 못하고 항상 공허하고 슬픈 존재입니다.

어떤 철학자가 "욕망은 꽃을 피우나 소유는 모든 것을 시들게 한다"라는 명언(名言)을 남겼습니다. 들에 너무 예쁜 백합화가 피어 있어서 그것을 꺾어서 집으로 가져왔습니다. 그러면 그 꽃은 곧 시듭니다. 사실은 내가 그 꽃을 꺾는 순간부터 그 꽃은 이미 내 마음에서 시들해졌었습니다. 여러분들은 지금 무엇을 제일 갖고 싶습니까? 10억짜리 람보르기니 자동차를 갖고 싶습니까? 10억짜리 람보르기니를 샀다고 칩시다. 그 차를 기다리는 동안은 너무 행복합니다. 그런데 그 차를 소유하고 한 달 동안 운전하고 나서도 설레임과 기쁨이 똑같이 지속될까요? 아닙니다. 욕망은 꽃을 피우지만 소유는 모든 것을 시들게 합니다. 인간은 욕망 덩어리인데, 어떤 욕망이 이루어지면 그것으로 계속 만족하느냐? 그렇지 않습니다. 어떤 것이 이루어지고 나면 더 큰 욕망이 생깁니다. 사람은 욕망 덩어리인데, 우리의 욕망은 이 땅의 무엇으로도 채울 수 없습니다. 욕망 덩어리인 우리는 예수 그리스도를 만나야만 모든 욕망이 정리되고 참된 만족이 찾아옵니다. 사람은 욕망 덩어리이지만 동시에 영적인 존재이기 때문에, 영의 문제가 해결되면 욕망이라는 육체의 덫에서도 벗어날 수 있습니다.

우리 모두가 그렇듯이 이 사마리아 여자도 욕망 덩어리였습니다. 그녀는 다섯 남편과 살아 봤습니다. 남편을 계속 갈아치운다는 것은 어떤 남편으로도 참된 만족을 누릴 수 없었다는 뜻입니다. 사마리아 여자는 우리 모두를 상징합니다. 우리도 돈만 있으면 행복할 것 같아서 돈이라는 남편과 결혼해서 살아 봤는데 만족이 없었습니다. 그래서 명예라는 남편을 얻어서 살아 보았습니다. 처음에는 좋았습니다만, 계속 살아 보니 이 남편도 시들해졌습니다. 그다음에 결혼한 명예와도 갈라서고 권력이라는 남편을 얻어서 살아 보았지만 그것도 시들해졌습니다. 이것만 있으면 행복하겠다 하고 살아 보았지만, 땅의 것들은 결코 참된 만족을 주지 못하고 금방 시들해졌습니다. "에이, 난 아직 살아 보지도 않았으니 실망하더라도 살아 보고야 말거야!" 하고 생각하십니까? 그렇게 생각하지 마십시오. 하나님의 진리의 말씀이 가르쳐 주면 "아! 그렇구나!" 하고 믿어야 합니다. 그래야 허송세월을 하지 않습니다.

돈이나 명예나 권력으로 만족할 수 없는 이들은 네 번째로는 쾌락에 빠져 봅니다. 그런데 쾌락은 점점 더 높은 강도(强度)를 요구합니다. 맨 처음에는 술이나 좀 마시다가 그다음에는 대마초로, 또 그다음엔 마약으로 손이 갑니다. 마약도 처음엔 한 알 먹으면 환각을 느꼈는데, 점점 내성(耐性)이 생겨서 한 알로는 황홀경을 느끼지 못합니다. 그래서 후유증이 많더라도 더 센 마약들에 손을 댑니다. 그러다가 결국 폐인이 됩니다.

야곱의 우물물은 종교가 주는 궁창 아랫물입니다

사마리아 여인이 매일 물을 길어 먹었던 야곱의 우물물은 이 땅의 종교(宗敎)를 계시(啓示)합니다. 어떤 사람들은 종교라는 다섯 번째 남편을 만나서 거기서 만족을 누리려고 합니다. 그러나 종교(宗敎)라는 남편도 내 남편이 아닙니다. 종교는 영적인 문제를 다루기 때문에, 처음에는 종교가 어느 정도의 만족을 주는 것같이 느껴집니다. 종교인들은 자기 취향에 맞는 우물을 찾아서 거기서 물을 길어다 먹으며 견딥니다. 땅의 우물물을 마시면 잠시 해갈이 되는 것 같지만, 곧 다시 목마릅니다. 종교라는 우물에 찾아가서 의식에 참여하고 예배를 드리고 말씀을 듣고 부흥회를 하고 친교를 나눌 때에는 잠시 영적 목마름이 해결되지만 다시금 타는 목마름을 온전히 해갈할 길이 없습니다. 종교가 주는 해갈(解渴)은 그렇게 제한적입니다. 종교화된 기독교가 바로 야곱의 우물입니다. 이 땅의 우물물은 결코 사람의 마음에 영원한 해갈을 주지 못합니다. 다만 현대판 바리새인들은 이 땅의 우물물로 자기의 목마름이 완전히 해갈되었다고 스스로를 속이며 위선을 잘 할 뿐입니다.

그런데 야곱의 우물물로는 결코 자신의 목마름을 해결할 수 없다고 시인하는 사람들이 있습니다. 그렇게 정직한 자라야 진리의 주님을 만나서 **"죄 사함으로 말미암는 구원"**(눅 1:77)을 받고 다시는 목마르지 않는 축복을 누립니다. 야곱의 우물물로 만족하는 사람은 결코 거듭날 수 없습니다. 마음에 죄가 가득해서 심판을 받을 존재이면서도 어떤 영적 목마름도 느끼지 못하고, 날마다 회개 기도를 드리며 십자가의 피로 자기의 죄를 씻어 내면서 곤비하지 않는 사람은 결코 죄 사함을 받지 못합니다. 사마리아 여인처럼 종교의 마을에 있는 야곱의 우물물로는 자기의 목마름을 해결할 수 없다고 깨달은 사람이라야 생수(生水)의 근원이신 예수 그리스도를 만납니다. 거듭난다는 것은, 죄인(罪人)이 진리의 복음을 듣고 믿음으로 흰 눈같이 죄 사함을 받고 의인(義人)으로 변화되는 역사입니다. 야곱의 우물물은 땅에 스며든 물을 모아놓은 것입니다. 야곱의 우물물에는 땅의 오물과 땅의 성분들이 녹아 있는 **"궁창 아래의 물"(창 1:7)**이기 때문에, 궁창 위의 물인 진리의 복음과는 거리가 멉니다. 궁창 아랫물인 야곱의 우물물로는 죄인이 의인으로 거듭날 수 없습니다. 종교화된 기독교의 교리와 교훈을 아무리 많이 마셔도, 기독교인들의 마음에는 죄가 고스란히 남아 있을 수밖에 없습니다.

물론 우물들(교단들)마다 나름대로의 자랑거리가 있습니다. "이 우물은 우리 조상 야곱이 파 준 것이다. 역사와 전통으로는 우리의 우물을 따라올 것이 없지!" 기독교의 교단들마다 자기네 교단은 역사가 깊고, 또 경건하고 탁월한 신학자들을 많이 배출해서, 자기 교단의 우물물로 영혼들의 목마름을 해결할 수 있다고 가르칩니다. 그러나 이 땅의 우물물로 얻는 해갈(解渴)은 잠시뿐입니다. 종교화된 기독교의 물로는 죄 문제를 비롯해서 모든 영적 문제들을 온전히 해결할 수 없습니다. 이 땅의 우물물은 마실 때뿐이지 돌아서면 다시 목마릅니다. 사마리아 여인이 야곱의 우물물을 줄곧 마셨지만 영원하고도 완전한 해갈은 얻지 못했던 것과 같습니다. 그래서 **"이 물을 마시는 자마다 다시 목마르려니와"**라고 예수님께서 말씀하신 것입니다.

예수님께서 주시는 궁창 위의 물을 마셔야

영적으로 주리고 목마른 자들은 예수 그리스도를 만나서 주님께서 주시는 생수(生水)를 마셔야 합니다. 그 물은 바로 진리의 원형복음(原形福音)입니다. 주님께서 사도들과 제자들에게 주셨던 **"성경대로의 복음"**이 바로 **"궁창 위의 물"**(창 1:7)입니다. 하나님께서는 창조의 둘째 날에 하늘에 궁창을 만드시고, 물을 궁창 위의 물과 궁창 아래의 물로 나누셨습니다. 궁창 아래의 물에는 땅(인간)의 성분이 녹아 있습니다. 궁창 위의 물인 하나님의 말씀에 자기의 생각을 섞어서 먹이는 물이 이 땅의 종교가 주는 교훈, 즉 야곱의 우물물입니다. 종교의 교훈으로는 결코 사람이 거듭날 수 없습니다. 주님께서는 **"내가 주는 물을 마시는 자는 영원히 목마르지 아니하리라"** 하셨고, **"그 속에서 영생하도록 솟아나는 샘물이 되리라"**라고 말씀하셨습니다. 예수 그리스도께서 주신 그 물이 바로 **"궁창 위의 물"**이고, 그 요체(要諦)는 진리의 원형복음(原形福音)입니다. 하나님이 세상(우리)을 이처럼 사랑하셔서 당신의 외아들인 예수 그리스도를 화목제물로 보내 주셨습니다. 예수님은 받으신 세례와 십자가의 피로 우리를 모든 죄에서 온전히 구원하셨습니다. **"물과 피의 복음"**―이것만이 유일한 생명의 물이기에, 목마른 자들의 갈증을 영원토록 해결해 주고 영생의 구원을 베풀어 줍니다.

　주님께서는 고향 땅 갈릴리로 돌아가시면서 일부러 사마리아 길을 통과하셨습니다. 주님께서는 영적으로 목마른 한 심령을 만나 주시려고 다른 사람들이 기피하던 길로 내려가셨습니다. 주님께서는 이 땅의 것으로는 결코 채울 수 없는 영적 갈증이 있는 자들을 반드시 만나 주십니다. 대부분의 사람들은 이 땅의 것으로 만족해서 영적인 갈증이 없기 때문에, 주님을 만나지 못합니다. 기독교라는 종교의 우물에서, 즉 야곱의 우물에서 물을 떠 마시면서 그들은 "나는 구원의 확신이 있어!" 하고 자기 최면(催眠)을 걸면서 억지 만족을 누립니다. 땅의 우물물로 만족하는 사람들은 주님께서 주시는 생수(生水)를 찾지도 않습니다. 그들은 이미 땅의 물로 배가 불렀기 때문입니다. 야곱의 우물물을 마시면서 영적 갈증을 느끼지 않는 사람은 결코 거듭날 수 없습니다.

어떤 사람이 주님을 만나서 주님께서 주시는 생수(生水)를 마시고 거듭나느냐? 야곱의 우물물로는 결코 자기의 타는 목마름을 해갈(解渴)할 수 없는 자라야 주님을 만나서 주님께서 주시는 생수의 복음, 즉 진리의 원형복음(原形福音)을 마시고 거듭나게 됩니다. 심령이 가난한 자라야 주님께서 주시는 생수의 복음을 마심으로 단번에 죄 사함을 받고 영원토록 그 배에서 생수의 강물이 흘러나게 됩니다.

오늘 우리는 예수님께서 만나 주신 사마리아 여인의 사례를 통해서 "어떤 자가 거듭날 수 있으며 또 사람이 어떻게 거듭나는가?" 하는 부분에 말씀을 나누었습니다. 영적으로 목마른 자라야 주님을 만납니다. 이 땅의 것으로는 결코 만족할 수 없는 자라야 주님께서 주시는 궁창 위의 물인 생수(生水)의 원형복음을 마음껏 마시고 단번에 마음의 모든 죄가 씻어진 의인(義人)으로 거듭나게 됩니다. 심령이 가난한 자, 의에 주리고 목마른 자가 생수(生水)의 복음을 마시고 천국을 소유하게 됩니다.

할렐루야!

에발산에 쌓은 번제단의 계시(啓示)

"여자가 가로되 주여 내가 보니 선지자로소이다 우리 조상들은 이 산에서 예배하였는데 당신들의 말은 예배할 곳이 예루살렘에 있다 하더이다
　예수께서 가라사대 여자여 내 말을 믿으라 이 산에서도 말고 예루살렘에서도 말고 너희가 아버지께 예배할 때가 이르리라 너희는 알지 못하는 것을 예배하고 우리는 아는 것을 예배하노니 이는 구원이 유대인에게서 남이니라 아버지께 참으로 예배하는 자들은 신령과 진정으로 예배할 때가 오나니 곧 이때라 아버지께서는 이렇게 자기에게 예배하는 자들을 찾으시느니라 하나님은 영이시니 예배하는 자가 신령과 진정으로 예배할찌니라
　여자가 가로되 메시야 곧 그리스도라 하는 이가 오실 줄을 내가 아노니 그가 오시면 모든 것을 우리에게 고하시리이다 예수께서 이르시되 네게 말하는 내가 그로라 하시니라"(요한복음 4:19-26).

　하나님은 헌금을 많이 하고, 금식 기도를 많이 하고, 희생 봉사를 많이 하는 자를 찾지 않습니다. 하나님께서는 당신께 신령과 진정으로 예배하는 자를 찾으십니다. "신령과 진정으로 드리는 예배"라고 하면 기독교인들은 회개 기도를 많이 해서 마음을 정결하게 하고 간절한 마음으로 드리는 예배"를 떠올립니다. 그러나 영어 성경에 찾아보면, "신령과 진정으로"라는 부분이 "성령 안에서 또 진리 안에서"(in Spirit and in truth, NIV)라고 번역되어 있습니다. "신령과 진정으로"라는 번역은 감정적인 번역인데, "성령 안에서 또

진리 안에서"라는 번역은 구체적이고 사실적인 번역입니다. **"성령 안에서 또 진리 안에서"** 드리는 예배는 거듭나서 성령을 선물로 받은 의인들이 진리의 복음 안에서 드리는 예배를 의미하며, 그런 예배를 하나님께서 기뻐 받으십니다.

예수님께서 야곱의 우물가에서 사마리아 여자를 만나 주셨습니다. 이 땅의 것들로는 결코 만족할 수 없었던 그 여자를, 또 자기의 죄가 다 드러난 그 여자를 주님께서 만나 주셨습니다. 예수님께서 그 여인의 과거를 다 맞추시자, 그 여인은 **"내가 보니 당신은 선지자로소이다"**라고 고백했습니다. 그리고는 **"우리 조상들은 이 산에서 예배하였는데 당신들의 말은 예배할 곳이 예루살렘에 있다 하더이다"** 하고 자기가 오랫동안 품고 있었던 영적 의문을 예수님께 물었습니다. 이 사마리아 여자는 예배를 드리는 장소가 매우 중요하다고 여겼습니다 그래서 참된 예배의 처소는 어디냐고 물은 것입니다 "예배의 정통적 처소는 어디인가?"라는 물음은 교단주의(敎團主義)의 시각에서 나온 질문입니다. 교단주의(敎團主義)란 자기 교단의 배타적(排他的) 정통성을 주장하는 노선입니다.

그러나 예수님은 **"여자여 내 말을 믿으라 이 산에서도 말고 예루살렘에서도 말고 너희가 아버지께 예배할 때가 이르리라"** 하시고, 또 **"하나님은 영이시니 예배하는 자가 신령과 진정으로 예배할찌니라"**라고 말씀하셨습니다. 하나님께서는 교단주의적 예배나 권위적으로 정형화(定型化)된 예배를 기뻐 받으시지 않습니다. 하나님께서는 성령 안에서 그리고 진리 안에서 드리는 예배를 기뻐 받으십니다. 교단주의자들은 자기 교단의 역사(歷史)나 창시자의 교훈이나 노선을 자랑합니다. 그러나 개신교 교단 중에 제일 오래된 교단이라도 그 역사가 기껏해야 500년밖에 되지 않습니다. 야곱의 우물이 아무리 깊어 봤자, 그 물이 아무리 시원해 봤자 **"궁창 아래의 물"**에 불과합니다. 하나님께서는 특정 교단의 교조(教條)나 교리(教理) 안에 거하시지 않습니다. 하나님께서는 당신의 말씀 안에 계십니다.

사마리아 여자가 **"우리 조상들은 이 산에서 예배하였는데"**라고 언급한 **"이 산"**은 에발 산입니다. 하나님께서는 모세를 통해서 이스라엘 백성이 약속의 땅에 들어가거든 그들을 그리심 산(mount Gerizim)과 에발 산(mount Ebal)이라는 두 산 앞에 각각 여섯 지파씩 세우고 율법을 선포한 후에, 그리심 산에 선 자들에게는 축복을 선포하고 에발 산에 선 자들에게는 저주를 선포하라고 명하셨습니다. 하나님께서는 **"율법의 모든 계명들을 다 지켜 행하면"** 그들에게 복을 내리고, 만일 **"율법을 다 지켜 행하지 않으면"** 모든 저주가 내린다고 선포하라고 모세에게 명령하셨습니다(신 27-28장).

요단강을 말리신 하나님의 역사, 원형복음의 계시

율법의 상징인 모세는 약속의 땅을 바라보면서 광야에서 죽었습니다. 이는 율법으로는 하나님의 나라에 들어갈 수 없다는 계시(啓示)입니다. 이스라엘 백성은 모세의 후계자인 여호수아의 인도로 요단강을 마른 땅으로 건너서 약속의 땅에 들어갔습니다. 그때는 보리를 거두는 철이어서, 북방의 만년설 지역에서 녹아 내린 물이 요단강(Jordan River, 급히 흐름이라는 뜻)의 강둑에 철철 흘러 넘치는 시기였습니다. 그런데 제사장들이 하나님의 말씀을 따라 언약궤를 메고 요단강 물을 밟았더니, 요단강 물은 저 멀리 아담읍

(邑) 변방에 일어나 서고 사해(死海)까지의 모든 물은 완전히 말랐습니다. 이스라엘 백성이 마른 땅을 밟고 요단을 건너는 동안, 언약궤는 요단강 한복판에 굳게 서 있었습니다.

하나님께서는 이 사건을 통해서 하나님의 완전한 구원을 계시하셨습니다. 언약궤는 예수 그리스도를 상징합니다. 이 놀라운 이적(異蹟)은 사해(死海) 즉 지옥으로 향해서 급히 흐르던 죄의 강수가 인류 역사의 한복판에 오신 예수님께서 안수(按手)의 형식으로 받으신 세례로 예수님께로 다 흘러 들어갔음을 계시합니다. 예수님은 인류의 대표자인 세례 요한에게 받으신 세례로 세상의 죄를 당신의 몸에 다 전가(轉稼, 옮겨 심음)하셔서 말려 버렸습니다. **"물과 피로 임"**(요일 5:6)하신 예수님께서 우리를 죄에서 온전히 구원하셨다는 진리를 믿는 사람들은 이제 심판이 없이 마른 땅을 건너서 영생의 낙원에 들어가게 되었습니다. 요단강 한복판에 오신 예수님께서 세상 죄를 단번에 담당하셔서 죄의 강수(江水)를 그치게 하셨습니다. 그래서 주님께서 세례를 받으신 이튿날에, 세례 요한은 자기 앞을 지나가시는 예수님을 가리키며, **"보라 세상 죄를 지고 가는 하나님의 어린양이로다"**(요 1:29) 하고 증거했던 것입니다.

에발 산에 쌓은 단(壇)

이스라엘 백성을 이끌고 가나안 땅에 들어간 여호수아는 모세가 명한 대로 에발 산(mount Ebal)과 그리심 산(mount Gerizim)에 각각 여섯 지파씩 세웠습니다. 모세가 백성들에게 율법을 읽어 주면서 "너희는 율법을 지킬지어다"라고 선포하자, 그들은 "아멘, 아멘" 하며 대답을 아주 잘했습니다. 그런데 특이한 것은, 여호수아가 저주를 선포한 에발 산에 하나님을 위하여 한 단(壇)을 쌓고 여호와께 번제와 화목제를 그 위에 드렸다(수 8:30-31)는 사실입니다. 이 기사(記事) 또한 구원의 계시(啓示)입니다.

하나님의 율법을 하나도 어기지 않고 다 지켜 행하면 축복입니다. 그런데 과연 사람이 율법을 다 지킬 수 있습니까? 결코 없습니다. **"만일 능히 살게 하는 율법을 주셨더면 의가 반드시 율법으로 말미암았으리라"**(갈 3:21)고 말씀하셨습니다. 율법을 지켜서는 아무도 하나님의 의(義)에 이를 수 없습니다. 그러므로 심령이 정직한 사람은 "하나님, 저는 율법 앞에서 저주를 받을 자입니다"라고 고백합니다. 그런데 "율법을 지키지 못하면 저주"라고 선포한 에발산에는 하나님께서 다듬지 않은 돌로 한 번제단을 쌓게 하셨습니다. 그리고 백성들은 그 단 위에서 번제(燔祭)와 화목제(和睦祭)를 드렸습니다.

번제와 화목제는 모두 속죄제(贖罪祭)입니다. 죄인들이 죄 사함을 받고 하나님과 다시 화목하기 위해서는, 1) 흠 없는 제물을 끌고 와서, 2)그 머리에 안수(按手)함으로 자기들의 죄를 희생 제물의 머리로 넘기고, 3) 그 제물의 목을 따서 그 피로 죗값을 지불한 후에 그 고기는 번제단 위에서 불로 태워서 올려야 했습니다. 속죄의 제사를 드리려면 반드시 위의 세 가지 조건이 충족되어야 했습니다.

구약의 속죄 제사는 구원의 계시입니다. 율법 앞에서 죄를 깨달은 사람은 에발(Ebal) 산에 쌓은 단으로 나아가서 죄 사함을 받아야 했습니다. 그리심 산(mount Gerizim)에 서서 "저는 율법을 다 지켜 행하겠습니다" 하고 담대하게 외치는 자는 **"죄 사함으로 말미암는 구원"**(눅 1:77)을 받을 수 없습니다. 그런데 오늘날 기독교인들은 여전히 그리심 산에만 서 있습니다. "나는 율법을 지킬 수 있고 또 율법을 지키는 것이 믿음의 왕도(王道)"라고 굳게 믿는 분들이 많습니다. 이런 분들은 거듭날 수 없습니다. 율법의 준엄한 요구 앞에서는 그리심(Gerizim) 산에 선 자들이 아니라 에발(Ebal) 산에 선 자들이 구원을 받습니다. 절대적 거룩함을 요구하는 율법 앞에서, "주여, 저는 지옥 가야 마땅한 자입니다" 하고 애통하는 자라야 하나님께서 세워 주신 대속(代贖)의 번제단으로 나아가서 죄사함을 받고 영생의 천국에 들어갑니다.

사도 바울도 거듭나기 전에는, 그의 이름이 사울이었을 때에는 철저한 율법주의자였습니다. 그가 율법의 요구가 얼마나 절대적인 수준인지를 몰랐을 때에는 율법 앞에서 기고만장(氣高萬丈)했습니다. 사울은 "나만큼 율법을 잘 지키는 자가 있으면 나와보라고 해!" 하는 자부심이 충만했습니다. 그런데 그가 율법이 요구하는 거룩함의 수준이 얼마나 완전하고 절대적인지를 깨달은 후에는, **"전에 법을 깨닫지 못할 때에는 내가 살았더니 계명이 이르매 죄는 살아나고 나는 죽었도다"**(롬 7:9) 하고 고백했습니다. 자기도 마음으로는 거룩하게 살기를 원하지만, 자기 육신 안에는 다른 한 법이 있어서 자기를 끊임없이 죄 아래로 끌고 가는 것을 바라보면서, 그는 **"오호라 나는 곤고한 사람이로다 이 사망의 몸에서 누가 나를 건져내랴"**(롬 7:24) 하고 탄식했습니다. 하나님 앞에서 정직한 자라야 그렇게 간절한 탄식이 나옵니다.

저도 진리의 복음을 만나기 전까지는 그리심 산에 서 있었습니다. "나만큼만 율법을 지켜봐라! 너희들이 나만큼 율법을 지킬 수 있어?" 하는 자부심이 많았습니다. 저는 그리심 산에 서서 자기의 의를 자랑하던 현대판 바리새인이었습니다. 저는 대학에서 교수로

강의도 하고 지역사회연구소장으로 사회활동에도 부지런히 참여하면서도, 거룩하게 살고자 매월 초 삼일(三日)은 금식 기도로 시작했습니다. 거지를 보면 주머니를 털어서 얼마라도 쥐어 주고, 길거리에 쓰러져 있는 가출 아동을 데려다가 양자(養子)를 삼아서 제 아이들과 함께 학교에 보내며 키웠습니다. 내 월급을 내어놓고 공동체 생활도 하고 형편이 어려운 학생들을 집에 들여서 학업을 마치게도 했습니다. 그렇게 거룩하고 선하게 사는 것이 예수님을 믿는 올바른 길이며 왕도인 줄만 알았습니다. 그러면서 제 마음 한편에는 "너희들도 나만큼만 해 봐라"하는 자부심이 늘 가득 차 있었습니다.

그런데 제가 율법을 철저하게 지켜 보려고 애를 쓰면 쓸수록, 저는 하나님 앞에서 제가 얼마나 위선 된 존재인지를 점점 더 자각(自覺)하게 되었습니다. "네 이웃을 네 몸같이 사랑하라"라는 율법을 철저하게 지키려고 몸부림친 사람은 "나는 이웃을 결코 내 몸같이 사랑하지는 못한다"라는 사실을 시인하게 됩니다. 저는 거지 청년을 집에 데려다가 목욕을 시키고 같이 밥을 먹여서 다시 눈보라가 몰아치는 거리로 떠밀어 내보내면서, 내가 절대로 이웃을 "내 몸같이" 사랑하지 못하는 자인 줄을 고백하며 밤새 회개의 눈물을 흘린 적이 있습니다. 저는 사도 바울처럼, 마음으로는 하나님의 법을 즐거워하지만 제 육체 속에 다른 한 법이 있어서 저를 죄 아래로 끌고 가는 것을 보면서 날마다 탄식했습니다. 그렇게 저의 깊은 어두움을 자각했을 때에, 즉 저의 위선(僞善)은 바닥이 드러나고 하나님의 의에 목말라 있을 때에, 주님께서 진리의 복음으로 저를 만나 주셨습니다.

"됐다 치고 신앙"의 함정

　당신은 율법을 철저하게 지켜 보려고 몸부림을 쳐 보았습니까? 그런 사람이라야 "오호라 나는 곤고한 사람이로다 이 사망의 몸에서 누가 나를 건져 내랴"(롬 7:24) 하는 고백을 하게 됩니다. 아직 거듭나지 못한 죄인은 "나는 그리심 산에 서 있을 자가 아니로구나! 에발 산으로 가서 '나는 저주받고 심판을 받을 자입니다' 하고 돌단에서 속죄의 제사를 드리고 죄 사함을 받아야 할 자로구나!" 하고 그리심 산을 내려와서 에발 산으로 올라가야 합니다. 이렇게 구약성경에 이미 어떤 심령이 어떻게 구원을 받을 수 있는지에 대해서 자세하게 기록해 놓았습니다.

　사마리아인들은 에발 산에서 예배를 드렸습니다. 그러나 그들은 에발 산에 세워 주신 번제단의 의미를 모른 채로 형식적인 예배만 드렸습니다. 지금도 대부분의 기독교인들은 자기가 얼마나 악한 존재인지, 하나님께서 자신과 같은 죄인을 어떻게 구원하셨는지는 전혀 알지 못한 채로, 옛날 할머니들이 산신령에게 빌듯이 그냥 정성을 다해서 예배만 드리면 된다고 생각합니다. 대부분의 기독교인들은 "나는 구원을 받았다고 치고, 하나님의 자녀가 됐다 치고, 성령을 받았다고 치고, 진리 안에 있다고 치고" 예배를 드립니다. 그러면 하나님께서 기뻐 받으십니까? 천만의 말씀입니다.

　성령 안에서 또 진리 안에서 드리는 예배는 그렇게 "됐다 치고" 드리는 예배가 아닙니다. **"성령 안에서"** 라는 말씀은 "죄 사함을 받고 거듭나서, 즉 의인이 되어서"라는 뜻입니다. 마음에 죄가 있어서 날마다 회개 기도를 드리는 자들은 성령을 받은 자들이 아닙니다. 성령님은 거룩하신 하나님이기에, 죄가 있는 마음에는 임하시지 않습니다. **"너희가 회개하여 각각 예수 그리스도의 이름으로 세례를 받고 죄 사함을 얻으라 그리하면 성령을 선물로 받으리니"**(행 2:38)라고 기록되어 있듯이, 죄 사함을 받지 않은 죄인의 마음에는 거룩한 성령님이 임하실 수 없습니다.

주님께서 제자들에게 주셨던 원형 그대로의 복음 외에 다른 복음은 없습니다. 십자가의 피만으로 된 반쪽짜리 복음으로는 아무도 죄 사함을 받을 수 없습니다. 십자가의 피만 믿는 오늘날의 기독교는 기독죄인(基督罪人)들로 가득하게 되었고, 그들은 "됐다 치고"의 공허한 예배만 드리고 있습니다. **"너희 죄가 주홍 같을찌라도 눈과 같이 희어질 것이요 진홍 같이 붉을찌라도 양털 같이 되리라"**(사 1:18)고 말씀하셨습니다. 지옥에 갈 수밖에 없는 죄인이 주님께서 **"물과 피로 임"**(요일 5:6)하셔서 완성하신 구원의 역사를 믿을 때에 마음에 흰 눈같이 죄 사함을 받게 됩니다. 그렇게 죄인(罪人)이 진리의 복음을 믿음으로 죄 사함을 받고 의인(義人)으로 변화되는 역사가 바로 **"거듭남"**입니다.

예수님은 성자 하나님이신데 우리와 같은 육신을 입고 흠 없는 어린양으로 요단강에 오셔서 인류의 대표자에게 안수(按手)의 형식으로 세례를 받으셨습니다. **"이제 허락하라 우리가 이와 같이 하여 모든 의를 이루는 것이 합당하니라"**(마 3:15) 하시고 받으신 세례로 예수님은 인류의 모든 죄를 단번에 짊어지셨습니다. 그래서 세례 받으신 이튿날에 세례 요한에게, **"보라 세상 죄를 지고 가는 하나님의 어린양이로다"**(요 1:29)라는 증거를 받으시고, 십자가로 가셔서 못 박혀 피를 흘리신 후에 **"다 이루었다"**라고 크게 외치시고 돌아가셨습니다. 예수님께서는 십자가에서 흘리신 당신의 보혈로 인류(人類)의 모든 죄를 깨끗이 대속(代贖)해 주셨습니다.

사도 요한은 하나님의 아들이신 예수 그리스도는 **"물과 피로 임하신 분"(요일 5:6)**이라고 증거했습니다. **"성령과 물과 피가 합하여 하나"**인 복음이 진리의 원형복음(原形福音)입니다. 진리의 복음을 듣고 믿는 자는 죄 사함을 받고 성령님을 선물로 받았기에, **"성령 안에서 또 진리 안에서"**(in Spirit and in truth, NIV) 예배를 드릴 수 있습니다. 하나님께서는 이렇게 예배드리는 자를 찾으십니다.

대부분의 기독교인들은 "됐다 치고" 예배를 드립니다. 그들은 거듭나지도 못했으면서 "거듭났다고 치고," 죄 사함도 받지 못했는데 "구원을 받았다고 치고," 성령님을 받지도 못했으면서 "성령님을 받았다고 치고," 하나님의 자녀가 아닌 죄인인데도 "하나님의 자녀가 됐다고 치고," 지극한 정성과 열심으로 예배를 드리면 자기들이 신앙생활을 잘하는 줄로 착각합니다. 착각은 자유지만 하나님은 그런 자들에게, "나는 도무지 네가 누구인지 모르겠다. 너는 죄인이 아니냐? 나는 거룩한 하나님인데 어떻게 죄인을 자녀로 둘 수 있겠느냐?" 하고 말씀하실 것입니다.

하나님께 신령과 진정으로 예배를 드리는 자는 복이 있습니다. 여러분은 신령과 진정으로 예배를 드립니까? 우리를 진리의 복음으로 거듭나게 하셔서 신령과 진정으로 예배를 드릴 수 있게 하신 하나님께 찬양을 드립니다. 아직 마음에 죄가 있는 기독죄인(基督罪人)들은 자기의 생각을 내려놓고, **"물과 피로 임하신"** 예수 그리스도께서 주시는 생수(生水)의 복음을 마심으로 죄 사함을 받고 거듭나기를 바랍니다. 그래서 하나님께 신령과 진정으로 예배를 드리는 자들이 되기를 간절히 바랍니다.

예수의 말씀만 믿고 가는 신앙

"예수께서 다시 갈릴리 가나에 이르시니 전에 물로 포도주를 만드신 곳이라 왕의 신하가 있어 그 아들이 가버나움에서 병들었더니 그가 예수께서 유대로부터 갈릴리에 오심을 듣고 가서 청하되 내려오셔서 내 아들의 병을 고쳐주소서 하니 저가 거의 죽게 되었음이라

예수께서 가라사대 너희는 표적과 기사를 보지 못하면 도무지 믿지 아니하리라 신하가 가로되 주여 내 아이가 죽기 전에 내려오소서 예수께서 가라사대 가라 네 아들이 살았다 하신대 그 사람이 예수의 하신 말씀을 믿고 가더니 내려가는 길에서 그 종들이 오다가 만나서 아이가 살았다 하거늘 그 낫기 시작한 때를 물은즉 어제 제 칠시에 열기가 떨어졌나이다 하는지라 아비가 예수께서 네 아들이 살았다 말씀하신 그때인 줄 알고 자기와 그 온 집이 다 믿으니라

이것은 예수께서 유대에서 갈릴리로 오신 후 행하신 두 번째 표적이니라"(요한복음 4:46-54).

예수님께서 가나에 이르셨을 때에, 왕의 신하가 가버나움에서 찾아와서 자기의 아들이 다 죽게 되었으니 내려오셔서 병을 고쳐달라고 예수님께 간청했습니다. 예수님께서 **"너희는 표적과 기사를 보지 못하면 도무지 믿지 아니하리라"** 하고 짐짓 거절하는 듯한 말씀을 하시자, 그 신하는 **"주여 내 아이가 죽기 전에 내려오소서"** 하고 다시 간청을 드렸습니다. 그러자 예수님께서 **"가라 네 아들은 살았다"** 라고 말씀하셨습니다. 그 신하는 예수님께서 하신 말씀을

믿고 돌아갔습니다. 그가 집으로 돌아가는 중에 자기의 종들을 만났는데, 종들은 아들이 살아났다는 기쁜 소식을 주인에게 전했습니다. 그 신하는 종들에게 아들이 살아난 시간을 묻고서 주님의 말씀대로 이루어진 것을 확인하고, 그와 온 가족이 예수님을 믿었습니다.

믿음이란 무엇인가?

오늘의 본문 말씀은 "믿음은 무엇인가?"라는 물음에 답을 줍니다. 믿음은 하나님의 말씀을 믿는 것입니다. 평범한 말 같습니까? "그러면 하나님의 말씀을 믿지 않는 다른 믿음이 있느냐?" 하고 반문(反問)하는 분도 있을 것입니다. 그러나 말씀을 믿음의 근거로 삼지 않고, 자기의 영적 체험이나 표적들 혹은 다른 이들의 간증 등을 믿음의 근거로 삼는 이들이 의외로 많습니다. 오늘 본문에도, **"너희는 표적과 기사를 보지 못하면 도무지 믿지 아니하리라"**라고 예수님께서 말씀하셨듯이, 기독교인들 중에는 하나님의 말씀보다는 기적이나 표적 또는 자기의 영적 체험 등에 믿음의 근거를 두는 이들이 많습니다. 기독교인들의 구원 간증을 들어보십시오. "나는 방탕한 생활을 하고 있었는데, 아주 놀라운 영적 체험을 하고서 예수님을 구주로 영접했다. 그 후에 나의 삶이 180° 변화되었다"라는 간증이 대부분입니다. 얼마 전에도 페이스북을 통해서 알게 된 어떤 분의 간증을 읽었습니다. 그분은 미국에서 사역하는 교포인데, 2015년의 어느 날 밤의 꿈에 예수님께서 자기를 찾아오셔서 자기에게 말씀하셨답니다. 그 후로는 그가 구원에 대해서도 부활과 휴거에 대해서도 큰 확신을 갖게 되었다는 내용이었습니다. 많은 기독교인들이 이런 간증들을 합니다: "내가 방언으로 기도하는 중에 입신(入神)을 해서 천국의 놀라운 장면을 보고 왔다." "나는 죽을 병에 걸렸었는데 어느 신령한 목사님의 안수 기도를 받고 깨끗이 나았다." "내 남편이 바람을 피워서 가정이 파탄이 날 지경이었는데 금식 기도를 하던 중에 '네 남편도 내 양이다'라는 주님의 음성을 들은 후에, 놀랍게도 남편이 가정으로 돌아와서 예수님을 영접하고 지금 함께 신앙생활을 잘하고 있다."

그런데 말입니다. 그런 체험적인 것들은 올바른 믿음의 근거가 될 수 없습니다. 표적과 기사를 보고서 믿는 것은 믿음이 아닙니다. 믿음이란 예수님의 말씀을 믿는 것입니다. 왕의 신하가 "네 아들이 살았다"라는 예수님의 말씀을 들었을 때에는 아무 증거도 보이지 않았습니다. 눈에는 아무 증거가 보이지 않고 인간의 생각으로는 도저히 이해가 되지 않을지라도 "하나님이신 주님께서 하신 말씀은 반드시 이루어진다"라는 믿음이 진짜 믿음입니다. **"예수께서 가라사대 가라 네 아들이 살았다 하신대 그 사람이 예수의 하신 말씀을 믿고 가더니"**(요 4:50)—왕의 신하처럼 예수님께서 하신 말씀을 믿고 가는 것이 믿음입니다. **"믿고 가더니"**라는 말씀은 어떤 상황이 벌어지든지 흔들리지 않고 말씀을 믿는다는 뜻입니다. 하나님의 말씀을 머리로만 알고 "아, 그런 말씀이 있구나" 하는 것은 온전한 믿음이 아닙니다. 하나님의 말씀을 진정으로 믿기 때문에 그 말씀을 준행(遵行)하는 것이 믿음입니다.

행함이 있는 믿음

"영혼 없는 몸이 죽은 것 같이 행함이 없는 믿음은 죽은 것이니라"(약 2:26)고 말씀하셨습니다. 진정한 믿음에는 행함이 따릅니다. 하나님의 말씀을 진정으로 믿는 자는 그 말씀을 좇아갑니다. 하나님께서 아브라함을 부르셔서 그를 축복하시며 그에게 본토 친척 아비 집을 떠나서 당신이 지시하는 땅으로 가라고 명령하셨을 때에, 아브라함은 자기의 생각을 부인하고 말씀을 따라갔습니다. 아브라함의 집안은 갈대아의 우르(Ur)에서 우상(偶像) 장사를 했다고 합니다. 그가 부유한 가문에서 장래가 보장된 삶을 버리고 하나님의 말씀을 좇아간 것은 하나님의 말씀을 믿었기 때문입니다. 아브라함은 이 땅의 것들은 잠시 지나가는 것이기에 아무것도 아니며 영생의 천국이 가장 귀중하다는 사실을 믿었기에, 하나님의 말씀을 믿고 그 말씀을 따라갔습니다. 이처럼 믿음이란 하나님의 말씀을 믿고 그 말씀을 좇아가는 것입니다. 이적이나 체험을 맛보지 않고는 믿지 못하는 믿음이나 하나님의 말씀을 단순한 지식으로만 여기고 말씀을 순종하지 않는 믿음은 하나님께서 인정하시는 믿음이 아닙니다. 여러분도 오늘의 말씀 앞에서 "내가 진정으로 하나님의 말씀을 믿는가?"라는 질문을 스스로에게 던지고 자기의 믿음을 간검(看檢)해 보기를 바랍니다.

대부분의 기독교인들은 기록된 말씀과는 상관없이 자기의 열심과 정성으로 하나님을 믿습니다. 제가 최근에 교제하고 있는 어떤 분도 같이 밥 먹을 때에 얼마나 진지하게 오랫동안 기도를 드리는지, 외모만 보면 너무나 신령한 분입니다. 그런데 그분과 영적인 교제를 해 보니 그분의 믿음은 하나님의 말씀하고는 아무 상관이 없었습니다. 그분처럼 하나님의 말씀에는 별로 관심도 없고 그저 나의 정성과 열성으로 하나님께 기도를 드리면 하나님께서 응답하신다고 믿는 이들이 의외로 많습니다. 마치 우리의 조상들이 "지성

(至誠)이면 감천(感天)"이라는 격언을 좇아서 산신령이나 부처상 앞에서 지극 정성으로 손바닥을 비비며 소원을 빌었듯이, 기독교인 중에는 그 대상만 바꿔서 지극 정성으로 하나님께 소원을 비는 이들이 많습니다. 그런 믿음은 기복(祈福) 신앙(信仰)에 불과합니다.

참된 믿음은 기록된 말씀을 생명처럼 믿기 때문에 그 말씀을 따라가는 것입니다. 참된 믿음은 행함과 순종을 수반(隨伴)합니다. 어떤 이는 심령대부흥회에 가서 그 분위기에 휩쓸려서 한바탕 울며 회개했더니 마음이 뜨거워졌고, 그 후에 기쁨이 물밀듯이 밀려오면서 하나님의 자녀로 거듭났다고 간증합니다. 그렇게 거듭나는 것이 아닙니다. 죄인(罪人)은 "하나님의 살아 있고 항상 있는 말씀"을 믿음으로 의인(義人)으로 거듭납니다. "너희가 거듭난 것이 썩어질 씨로 된 것이 아니요 썩지 아니할 씨로 된 것이니 하나님의 살아 있고 항상 있는 말씀으로 되었느니라"(벧전 1:23)고 성경은 말씀합니다. 우리가 거듭난 것도 기록된 말씀을 믿어서 얻은 축복입니다.

본능으로 아는 그것으로 멸망하는 자들

대부분의 기독죄인들은 마음에 죄가 있습니다. 그들은 "물과 피의 복음"이 유일한 진리의 복음이라는 하나님의 말씀을 배척하고 기독죄인(基督罪人)으로 남아 있기를 고집합니다. 그들은 기록된 말씀을 믿는 것이 아니라 자기의 "본능으로 아는 그것"을 믿습니다. 그러나 성경은 "이 사람들은 무엇이든지 그 알지 못하는 것을 훼방하는도다 또 저희는 이성 없는 짐승 같이 본능으로 아는 그것으로 멸망하느니라"(유 1:10)고 말씀하셨습니다. 본능적으로 아는 지식이란 인과응보(因果應報)의 원리입니다. 죄를 지었으니 죄가 있는 것이 당연하다고 그들은 믿습니다. 그리고 그들은 하나님께도 인과응보(因果應報)의 원리로 나아갑니다. "회개 기도를 열심히 하고, 율법을 준행하려고 지극 정성으로 노력하면, 하나님께서 어여쁘게 여기시겠지" 하는 생각이 **"본능으로 아는 그것"**입니다. 진리의 원형복음은 **"물과 피로 임"(요일 5:6)**하신 예수님께서 온 세상의 죄를 이미 다 없애 놓았다고 선포합니다. 그런데 그들은 원형복음의 능력을 알지 못하고 가르쳐 주어도 믿기를 거부합니다.

"죄인이 진심으로 회개 기도를 드리면 죄를 용서받는다"라는 주장은 "지성(至誠)이면 감천(感天)"이라는 인과응보(因果應報)의 원리를 좇는 것이지, 값없이 주시는 은혜의 복음을 좇는 것이 아닙니다. **"본능으로 아는 그것"**으로는 절대로 죄 사함을 받지 못합니다. **"본능으로 아는 그것"**을 따라가는 사람은 예수님을 아무리 오래 믿어도 기독죄인(基督罪人)의 처지에서 벗어나지 못합니다. 기독죄인들은 날마다 회개 기도를 드리고 죽을 때에는 평생의 죄과를 총망라해서 마지막 회개 기도를 드립니다. 어떤 이는 자기 남편이 죽으면서 마지막까지 회개 기도를 드린 후에 평안히 눈을 감았다고 간증했습니다. **"죄의 삯은 사망"(롬 6:23)**입니다. 회개 기도를 한다는 것은 마음에 죄가 있다는 증거이고, 죄가 있으면 지옥에 갑니다.

주님의 말씀을 믿는 것이 믿음입니다. 하나님께서는 당신의 외아들을 아낌없이 우리에게 대속(代贖)의 제물로 보내 주셨습니다. 대속의 어린양으로 오신 예수님께서는 인류의 대표자인 세례 요한에게 안수(按手)의 형식으로 세례를 받으심으로 인류의 모든 죄를 당신의 육체에 넘겨받으시고 십자가로 가셨습니다. 예수님께서 우리가 죽어야 할 그 자리에서 피를 흘리시고 **"다 이루었다"**(요 19:30) 하시며 대속의 죽음을 죽어 주셨습니다. 이제 **"물과 피로 임"**(요일 5:6)하신 예수님을 믿는 우리는 결코 정죄함이 없게 되었습니다. 우리는 기록된 말씀을 믿음으로 죄 사함 받고 의인(義人)으로 거듭났습니다.

칭의(稱義) 구원, 성화(聖化) 구원, 영화(榮華) 구원으로 하나님의 구원 사역을 인간의 생각에 맞추어서 편집한 "단계적(段階的) 구원론"은 거듭나지 못한 기독죄인들이 **"본능으로 아는 그것"**으로 지어낸 교리이며 사단 마귀의 거짓말입니다. "예수님을 믿으면 죄가 있지만 의롭다고 불러 주고, 그래도 죽도록 성화(聖化)에 힘쓰면, 장차 죽을 때에 혹은 성도의 부활 시에 영화롭게 될 것이다"라고 그들은 주장합니다. 그러나 성경은 **"또 미리 정하신 그들을 또한 부르시고 부르신 그들을 또한 의롭다 하시고 의롭다 하신 그들을 또한 영화롭게 하셨느니라"**(롬 8:30)고 말씀하셨습니다. 진리의 복음으로 부르신 주님을 믿는 사람은 단번에 의롭게 되는 동시에 거룩하게 되고, 영화롭게 됩니다. 진리의 복음을 믿음으로 모든 죄의 사함을 받고 거듭난 자들은 하나님 앞에서 의인(義人)이며 하나님의 영광스러운 자녀들입니다.

말씀을 믿고 따라가는 의인들의 삶

그러면 죄 사함 받은 의인(義人)들은 어떤 믿음으로 남은 생애를 살아갑니까? 진리의 복음을 믿음으로 거듭난 의인들은 또한 말씀을 믿음으로 남은 생애를 살아갑니다. 여러분은 여러분들의 삶을 붙들고 이끌어 주는 말씀이 마음에 있는가를 살펴보아야 합니다.

삶의 지팡이가 되는 말씀이 있는 자는 복이 있습니다. 저는 "**너희는 먼저 그의 나라와 그의 의를 구하라 그리하면 이 모든 것을 너희에게 더하시리라**"(마 6:33)는 말씀이 제 마음에 새겨져 있어서, 그 말씀을 믿음으로 붙들고 하루하루를 살아갑니다. 만일 저에게 그 말씀이 없었다면, 저도 벌써 세상의 유혹에 져서 하나님 곁을 떠나갔을 것입니다. 진리의 복음을 믿는다고 고백하던 이들이 자기의 욕망을 따라 세상으로 간 경우가 많습니다. 저도 삶의 여정(旅程)에서 많은 어려움을 겪었습니다. 그러나 아무리 어려움이 덮어와도 "**너희는 먼저 그의 나라와 그의 의를 구하라 그리하면 이 모든 것을 너희에게 더하시리라**"(마 6:33)는 말씀이 저를 붙들어 주어서 지금까지 복음을 지키고 또 복음을 전파하면서 살 수 있었습니다.

우리에게는 살아가는 데에 많은 것들이 필요합니다. "**무엇을 먹을까 무엇을 마실까 무엇을 입을까 하지 말라**"(마 6:31)고 말씀하셨지만, 나이가 먹어갈수록 앞으로 살아갈 걱정이 있게 마련입니다. 그런데 주님께서는 먼저 그의 나라와 그의 의를 구하면 이 모든 것들을 다 공급해 주신다고 분명히 약속하셨습니다. 저는 이 약속의 말씀을 믿고 지금까지 살아왔습니다. 자비량(自費糧) 사역을 위해서 운영하는 기업에서 저희 교회의 형제님들이 저와 같이 일을 합니다. 회사 재정이 어려울 때는 저에게도 여러 가지 염려들이 올라오기도 했습니다. 그럴 때마다 저는 이 말씀을 붙들고 기도했습니다. 그러면 우리 형제님들이 함께 신앙생활을 할 수 있도록 하나님께서 회사의 재정을 놀랍게 채워 주셨습니다.

여러분은 스스로 자문해 보시기 바랍니다. "내가 내 삶에 있어서 다른 무엇보다도 먼저 하나님의 나라와 그의 의를 구하는가?"

만일 그렇지 않다고 하면 여러분은 복음을 듣고 믿어서 거듭났을지라도, 믿음에 있어서는 갓난아기처럼 어린 자입니다. 여러분은 진리의 복음을 섬기는 것보다 자기의 유익이나 돈을 더 중히 여깁니까? 마음이 온통 돈에 묶여 있습니까? 그렇다면 복음을 믿는 당신의 믿음도 위태롭습니다. 그렇게 계속 살아가다 보면 삼켰던 복음도 끝내 뱉어 버리게 됩니다. 여러분이 하나님의 은혜로 값없이 죄 사함을 받았으면, 그때부터 **"먼저 그 나라와 그 의를 구하기"**로 마음을 정해야 합니다. 그러면 여러분의 모든 염려는 주님께서 해결해 주십니다.

"예수의 하신 말씀을 믿고 가니라." 우리는 왕의 신하의 믿음을 본받아야 합니다. 예수님은 말씀으로 우주를 창조하신 하나님, 즉 **"죽은 자를 살리시며 없는 것을 있는 것 같이 부르시는"**(롬 4:17) 전능하신 하나님입니다. 예수님은 육신을 입고 오셨던 성자(聖子) 하나님입니다. 그 예수님께서 거듭난 우리들에게 **"너희는 먼저 그의 나라와 그의 의를 구하라 그리하면 이 모든 것을 너희에게 더하시리라"**(마 6:33)고 약속하셨습니다.

믿음의 사람은 어려움에 처할 때에 사람의 도움을 의지하지 않고 하나님을 바라봅니다. 눈을 들어서 하나님을 바라보고 주님께서 주시는 말씀을 마음에 붙들고 나아가는 것이 믿음입니다.

"내가 산을 향하여 눈을 들리라 나의 도움이 어디서 올꼬 나의 도움이 천지를 지으신 여호와에게서로다"(시 121:1-2).

처해 있는 상황이나 형편을 바라보면서 주판알을 튕겨보고서 계산에 맞으면 나가는 것은 믿음이 아닙니다. 저는 제 머리로 계산하는 삶을 벌써 집어치웠습니다. 사실 복음의 사업체를 한 달 한 달 운영해서 동역하는 형제님들의 봉급과 복음 전파의 사역비를

감당하는 것이 계산상으로는 결코 쉬운 일이 아닙니다. 그런데 "**너희는 먼저 그의 나라와 그의 의를 구하라 그리하면 이 모든 것을 너희에게 더하시리라**"라는 약속을 믿고 행했더니 하나님께서 지금껏 모든 필요를 다 채워 주셨습니다.

"**예수의 하신 말씀을 믿고 가니라**"—왕의 신하는 예수님의 말씀을 믿고 평안히 돌아갔습니다. 하나님의 약속의 말씀을 믿고 가는 것이 믿음입니다. 이 신하가 예수님의 말씀을 믿고 간 결과 놀라운 믿음의 간증을 얻었습니다. 그리고 그와 그의 가족은 구원자로 오신 하나님의 아들이 물과 피로 임하셔서 자기들을 모든 죄에서 구원하셨다는 진리의 복음을 믿음으로 구원을 받았습니다.

우리도 예수님을 그리스도로 믿습니다. 우리는 살아 계신 하나님을 믿습니다. 하나님은 말씀의 하나님입니다. 하나님은 우리의 머리카락까지도 센 바 되시는 전지전능한 분이기에, 우리의 마음 중심이 어떠한지도 다 아십니다. 여러분이 말씀을 믿는 믿음에 있는가, 아니면 자기의 욕망과 쾌락만 좇는 자인가를 하나님은 다 아십니다. 우리는 하나님 앞에서 정직하고 충성된 믿음을 가져야 합니다. 저는 독자 여러분이 하나님의 말씀을 믿는 믿음의 사람들이 되기를 바랍니다.

종교의 마을에서는
예수님을 만날 수 없다

"그 후에 유대인의 명절이 있어 예수께서 예루살렘에 올라가시니라 예루살렘에 있는 양문 곁에 히브리 말로 베데스다 하는 못이 있는데 거기 행각 다섯이 있고 그 안에 많은 병자, 소경, 절뚝발이, 혈기 마른 자들이 누워 [물의 동함을 기다리니 이는 천사가 가끔 못에 내려와 물을 동하게 하는데 동한 후에 먼저 들어가는 자는 어떤 병에 걸렸든지 낫게 됨이러라]

거기 삼십 팔년 된 병자가 있더라 예수께서 그 누운 것을 보시고 병이 벌써 오랜줄 아시고 이르시되 네가 낫고자 하느냐 병자가 대답하되 주여 물이 동할 때에 나를 못에 넣어 줄 사람이 없어 내가 가는 동안에 다른 사람이 먼저 내려가나이다 예수께서 가라사대 일어나 네 자리를 들고 걸어가라 하시니 그 사람이 곧 나아서 자리를 들고 걸어 가니라

이 날은 안식일이니 유대인들이 병 나은 사람에게 이르되 안식일인데 네가 자리를 들고 가는 것이 옳지 아니하니라 대답하되 나를 낫게 한 그가 자리를 들고 걸어가라 하더라 한대 저희가 묻되 너더러 자리를 들고 걸어가라 한 사람이 누구냐 하되 고침을 받은 사람이 그가 누구신지 알지 못하니 이는 거기 사람이 많으므로 예수께서 이미 피하셨음이라"(요한복음 5:1-13).

예수님께서 베데스다 연못가에 누워 있던 38년 된 병자를 고쳐 주셨습니다. 베데스다(Bethesda)는 히브리어로 "은혜의 집"이라는

뜻입니다. 당시에 그 연못가에는 소경, 절뚝발이, 혈기 마른 자 등 수많은 병자들이 있었습니다. 그들은 연못에서 가까운 자리를 경쟁적으로 차지하고 연못을 응시하고 있었습니다. 그렇게 연못 근처는 다른 사람들이 다 차지해 버려서, 38년 된 병자는 연못에서 먼 곳에 누워서 아무 소망도 없이 하늘만 쳐다보고 있었습니다. 그런데 정작 예수님을 만난 사람은 그 38년 된 병자뿐이었습니다.

종교의 세계에서는 예수님을 만날 수 없습니다

오늘의 본문 말씀은 "종교의 세계에서는 예수님을 만날 수 없다"라고 가르칩니다. "아니 우리도 다 예수님을 믿고 그렇게 열심히 기도하며 놀라운 기적들도 많이 체험했고 봉사와 선행에도 힘썼거늘 무슨 그렇게 말도 되지 않는 소리를 합니까?" 하고 반문하는 분들이 있을 것입니다. 베데스다 연못가는 종교의 세계를 상징합니다. 모든 종교(宗敎)는 세속화(世俗化)와 제도화(制度化)라는 타락된 속성을 피할 수 없습니다. 생명의 복음을 잃어버리고 하나의 세계 종교로 전락한 기독교도 세속화와 제도화의 덫에 걸려서 타락할 수밖에 없었습니다. 기독교라는 종교의 세계에는 이미 하나님의 뜻이나 천국의 영생보다 돈, 명예, 권력 같은 세상의 가치들이 더 높은 자리를 차지하고 있습니다. 기독교인들은 세상에서 성공하고, 자식들이 잘되고, 건강하게 장수(長壽)하는 것을 최고의 축복으로 여기고 있습니다. 목회자들도 목회에 성공해서 수많은 교인을 거느린 초대형교회를 이루고 그 안에서 왕 노릇 하는 것을 꿈꿉니다. 그래서 대부분의 목회자들은 몇 천억짜리 예배당을 건축하고 그 안에서 왕 노릇 하며 돈과 명예와 권력을 마음껏 누리는 것을 "목회의 성공"이라고 여깁니다.

　종교화된 기독교는 세속적 축복의 신화(神話)를 창조해서 세속적 욕망에 불타 있는 교인들의 마음을 사로잡습니다. "내가 하던 사업이 망하게 되었는데 빚을 내서라도 십일조를 꼬박꼬박 드렸더니, 하나님께서 나의 기업을 이렇게 크게 일으켜 주셨습니다"하고 간증하면서 돌아다니는 어떤 장로님을 보았습니다. 제가 미국에서 사역할 때에 "제가 미국에 이민을 와서 정말 어려운 시절에도 새벽 기도를 한 번도 빠지지 않고 자식들을 위해서 기도했더니, 제 자녀 셋 모두 아이비 리그(Ivy League)에 들어가고 출세해서 미국의 주류 사회로 진출했습니다" 하고 간증했던 권사님을 만난 적이 있습니다. 이런 세속적 축복을 자랑하는 신화들이 종교화된 기독교에는 헤아릴 수 없이 많습니다. 그런 신화들은 모두 "일등주의(一等主義)"라는 종교적 신념의 산물입니다.

　베데스다 연못가에 모여 있는 환자들도 "가끔 천사가 내려와서 그 못의 물을 동하게 할 때에 일등으로 그 못에 들어가는 자는 어떤 병에 걸렸든지 낫는다"라는 전설을 믿고 있었습니다. 종교의 세계에는 수많은 일등주의(一等主義) 전설이 있습니다. "일등만 기억하는 더러운 세상"이라는 개그가 한때 유행했는데, 우리 사회뿐 아니라 종교의 세계에서도 일등을 지향하고 일등만 대접을 받습니다. 설교의 일등, 기도의 일등, 희생의 일등, 헌신의 일등……그런 일등들이 롤 모델(Role model)이 되어 있는 곳이 종교의 세계입니다. 세속화된 기독교는 일등주의(一等主義)의 신화에 사로잡혀 있습니다.

꼴찌를 만나 주시는 예수님

그런데 예수님은 일등주의(一等主義)의 신화에 빠져 있는 종교인들에게는 눈길을 주시지 않았습니다. 주님은 오히려 꼴찌인 38년 된 병자에게 가셨습니다. 물이 움직여서 "와" 하는 소리를 듣고 기어서라도 연못에 들어가려고 용을 쓰다 보면 다른 사람들은 벌써 다 들어갔습니다. 거기 모인 사람들 중에서 이 사람은 늘 꼴등이었습니다. 그런데 믿음의 세계에서는 꼴찌들이 먼저 은혜를 입습니다. 그것은 주님께서 "나중 된 자가 먼저 된다"라고 말씀하신 구원의 비밀입니다. "주님, 저를 도와주세요. 저는 아무것도 내세울 것 없는 꼴찌입니다" 하고 도움을 구하는 자를 주님은 만나 주십니다. 믿음의 세계에서는 "주님께서 저를 구원해 주시지 않으면 도저히 구원을 받을 수 없는 자이니 저를 불쌍히 여겨 주십시오" 하고 간절히 외치는 자가 주님의 은혜를 입어서 오직 하나님의 영광을 드러내게 됩니다. 예수님께서 누구를 만나 주셨습니까? 예수님께서는 "꼴찌들"을 만나 주십니다. 예수님은 모든 면에 "꼴찌"인 38년 된 병자를 만나 주셨습니다. 예수님은 종교의 세계로는 가시지 않습니다. 예수님은 자기에게는 아무것도 내세울 것이 없다고 인정하고 오직 하나님의 은혜를 바랐던 38년 된 병자와 같은 자들에게 가셔서 그들을 만나 주십니다.

예수님께서는 세례 요한에 대해서, **"여자가 낳은 자 중에 세례 요한보다 큰이가 일어남이 없도다 그러나 천국에서는 극히 작은 자라도 저보다 크니라"**(마 11:11)고 말씀하셨습니다. 세례 요한은 인간 중에서 가장 큰 자, 즉 일등(一等)이었습니다. 그는 율법의 의로써도 세상 모든 사람들 중에서 일등이었고 하나님을 경외하는 마음에 있어서도 일등이었습니다. 그런데 예수님은 세례 요한에 대해서, **"그러나 천국에서는 극히 작은 자라도 저보다 크니라"**라고 말씀하셨습니다. 인간의 의(義)로는 요한이 세계에서 일등이지만, 그 잘난 인간의 의로는 절대로 천국에 들어가지 못한다는 뜻입니다. 누구든지 진리의 복음 안에 있는 하나님의 의(義)를 믿어서 죄 사함을 받고 의인으로 거듭나야만 천국에 들어갑니다. 기독교라는 종교의 세계에는 일등을 지향하는 자들이 우글우글합니다. 일등을 지향하는 종교인들은 결코 죄 사함 받지 못합니다. 그런데도 기독죄인(基督罪人)들은 여전히 인간의 의로써, 인간의 공로로써, 자기 희생으로써, 자기 잘남으로써 일등(一等)이 되어 천국에 들어가려고 합니다.

38년 된 병자처럼 꼴찌의 심령으로, "하나님, 저는 지옥에 가야 마땅한 자입니다. 주님, 저는 구제불능입니다. 저를 불쌍히 여겨 주십시오" 하고 하나님의 긍휼을 바라는 자라야 주님을 만납니다. 여러분은 이제 38년 된 병자와 같은 꼴찌의 심령이 되었습니까? 여러분도 38년 된 병자에게 가서 그의 옆에 함께 눕지 아니하면 주님을 만나지 못합니다. 혹시 여러분은 아직도 자기의 옳음과 잘남을 자랑하는 자들의 틈에 끼어서 베데스다 연못가의 가장 좋은 자리를 차지하려고 경쟁하고 있습니까?

성경은 "자기의 부족함을 아는 자라야 구원을 받는다"라고 말씀합니다. **"큰 자는 어린 자를 섬기리라"**(창 25:23)는 말씀은 성경 전체를 관통하는 진리입니다. 에서와 야곱이 아직 태어나기도 전에 하나님께서 이 말씀을 하셨다고 해서, 칼뱅 같은 영적 소경은 예정설(豫定說)을 주창했습니다. 만약 그가 주장한 예정설(豫定說)이 진리라면 하나님은 인간보다도 불의(不義)한 분입니다. 사람이 무슨 선이나 악을 행하기도 전에 일방적으로 미리 "너는 지옥으로 보낼 놈, 너는 천국에 보낼 놈"하고 하나님께서 미리 정하셨다면, 하나님은 결코 공의(公義)한 분이 아닙니다.

칼빈주의의 예정설(豫定說)은 영적 소경들이 하나님의 공의(公義)하심을 알지 못해서, 그리고 모든 죄인들을 구원하기 원하시는 하나님의 뜻을 알지 못해서 날조한 거짓 교리에 불과합니다. 하나님께서는 창세전부터 세상 끝까지를 한눈에 보시는 분입니다. 그것을 하나님의 예지(豫知)라고 말합니다. 하나님께서는 에서와 야곱이 태어나서 그들이 장차 어떤 삶을 살는지를 미리 다 아셨기에 그렇게 말씀하신 것입니다. 야곱은 자기의 부족과 연약을 잘 알기 때문에 하나님의 긍휼히 여기심을 입어서 죄 사함을 받고 의인이 될 줄을 하나님께서 미리 아시고 그를 축복하셨습니다. 그러나 무쇠 팔 무쇠 다리로 태어난 에서는 자기의 힘과 옳음이 충만했기에 하나님을 의지할 필요가 없이 살다가 구원에 이르지 못할 것을 하나님께서 미리 아셨습니다. 그래서 하나님께서는 그들이 태어나서 무슨 선이나 악을 행하기도 전에 **"큰 자는 어린 자를 섬기리라"**(창 25:23)고 말씀하신 것입니다. 에서 족(族)은 베데스다 연못가에서 일등을 추구하는 자들입니다. 그런 자들은 **"죄 사함으로 말미암는 구원"**(눅 1:77)을 받지 못합니다.

일등들만 판을 치고 일등들만 대접받는 곳이 종교의 세계입니다. 그곳은 눈이 빠지라고 연못 물을 바라보다가 잠깐만이라도 졸면 꼴찌로 추락하는 비참한 세계입니다. 그런데 주님은 일등주의자들이 모여 있는 종교의 세계로 가시지 않았습니다. 주님께서 그들에게 가셔서 값없이 하나님의 의를 입혀 주려고 해도 그들은 손사래를 치며, "됐어요! 나는 내 힘으로 충분히 일등을 할 수 있어요"

하고 거절합니다.

　주님은 그들을 잘 아시기에, 그들에게는 눈길도 주지 않으시고 38년 된 병자에게로 가셨습니다. 자기는 하나님 앞에 아무것도 내세울 것이 없고 지옥 가야 마땅한 자라고 인정하는 그에게 가셔서, 주님께서는 **"일어나서 네 자리를 들고 걸어가라"**라고 말씀하셨습니다. 진리의 복음은 우리들에게 "너는 네 죄의 자리를 털고 일어나서 이제부터는 의의 길을 걸어가라"라고 말씀하십니다. "비록 너희의 육신은 여전히 연약할지라도, 그 모든 연약과 부족함도 내가 이미 해결해 놓았다는 진리의 복음을 믿음으로 하나님의 의를 찬양하는 삶을 살거라" 하고 주님은 말씀하십니다. 우리들이 주님께서 행하신 의로운 구원의 사역을 믿어서 하나님의 자녀가 되고 천국에 들어가게 하시려고 주님께서는 이 땅에 오셨습니다. 주님께서는 **"물과 피로 임"**(요일 5:6)하셔서 우리의 모든 죄를 없애 주셨습니다. 예수님은 오직 하나님의 은혜만을 간절히 바라던 38년 된 병자를 만나 주셨습니다. 신앙의 세계는 심령이 가난한 자들이 예수님을 만나서 하나님의 구원의 은혜를 누리며 사는 곳입니다. 주님은 우리에게도 "너의 모든 죄는 내가 해결했다. 이제 죄의 자리를 털고 일어나 걸어가라"라고 말씀하십니다.

리얼 돌(Real doll) 예수를 만난 자들

　예수님은 우리가 무병장수(無病長壽)의 축복을 누리게 하려고, 부자가 되게 해 주고, 자식이 명문 대학에 들어가게 하려고 이 땅에 오신 분이 아닙니다. 주님께서는 망해 가던 사업주가 십일조를 잘 드리면 그의 기업을 세계적인 기업으로 만들어 주러 오신 분이 아닙니다. 그런 간증들은 종교의 세계에서 만들어 낸 신화(神話)에 불과합니다. 베데스다 연못가처럼 종교의 세계에는 신화가 지배합니다. 종교의 세계, 즉 현대판 베데스다 연못가에 거하면서 자기의 의로움과 잘남으로 일등을 지향(志向)하는 이들은 결코 예수님을 만나지 못합니다. 그들이 입술로는 예수님의 이름을 부르며 예수님을 위해서 자기의 생명을 내놓겠다고 고백할지라도, 그들이 만난 예수님은 참 예수님이 아닙니다.

그렇다면 그들은 도대체 누구를 만났다는 말이니까? 그들은 "리얼 돌(Real doll) 예수"를 만난 것입니다. 요즘은 인공지능(AI) 기술을 이용해서 사람과 생김새도 같고 함께 대화도 할 수 있는 인형, 즉 "리얼 돌"(Real doll)이 판매되고 있습니다. 요즘 리얼 돌은 촉감이 사람의 피부처럼 말랑말랑하고 몸에서 땀과 기름도 나온답니다. 또 인공지능을 가지고 있어서 새로운 지식을 습득하기도 하고 주인님과 진지한 대화도 나눌 수 있습니다. 만일 어떤 남자가 어느 유명 여배우를 너무너무 좋아한다면, 그 여배우와 키도 똑같고 몸매도 똑같고 눈도 똑같은 리얼 돌을 주문해서 그 인형과 함께 사는 것처럼 착각할 수 있습니다. 그러나 아무리 똑같게 만들었어도 리얼 돌은 인격을 가진 인간이 아니고 인형에 불과합니다.

정교하게 만들어진 리얼 돌(Real doll)을 사람으로 착각하고 사랑하는 사람처럼, 많은 사람들이 기독교가 만들어 낸 "리얼 돌 예수"를 믿고 있습니다. 그들이 믿는 예수는 참 예수님이 아닙니다. 참 예수님은 육신을 입고 이 땅에 오신 하나님의 아들, 즉 **"물과 피로 임"**(요일 5:6)하신 예수님입니다. 예수님께서는 우리의 모든 죄를 세례로 담당하시고 십자가로 가셔서, **"다 이루었다"**(요 19:30) 하고 돌아가시기까지 당신의 생명의 피로 우리의 모든 죄를 대속하신 구세주이십니다. 그런데 기독죄인(基督罪人)들이 믿는 예수님은 인류의 죄를 온전히 없애 주러 **"물과 피로 임"**(요일 5:6)하신 그 예수님이 아닙니다. 그들은 자기들의 소원대로 제작한 "리얼 돌 예수"를 참 예수님으로 착각하고 철석같이 믿습니다. 그들은 "리얼 돌 예수"에게 죽도록 헌신하고 간절히 소원을 아뢰기도 하지만, 실상은 가짜 예수를 믿고 있는 것입니다. 얼마나 끔찍한 일입니까? 평생을 바쳐서 예수를 믿었는데, 자기가 믿었던 대상이 참 예수님이 아니고 "리얼 돌 예수"였다니 얼마나 끔찍한 일입니까? 그러나 사실입니다. 주님은 베데스다 연못가로는 가신 적이 없습니다. 그러니 아직 종교의 연못가에서 일등주의의 신화에 빠져 있는 자들이 그곳으로는 가시지도 않은 예수님을 어떻게 만나겠습니까?

리얼 돌 예수를 믿어서는 결코 죄 사함을 받지 못합니다. 참 예수님만이 죄인들에게 **"죄 사함으로 말미암는 구원"**(눅 1:77)을 주십니다. 우리는 38년 된 그 병자가 만났던 참 예수님을 만났고, 또 그 예수님과 사랑을 나누며 동행합니다. 우리는 다 38년 된 병자와 같은 구제불능의 존재들이었습니다. 아무것도 할 수 없었던 우리에게 주님께서 찾아오셔서 **"물과 피의 복음"**으로 만나 주셨기에, 우리는 값없이 의롭다 함을 얻고 하나님의 자녀가 되었습니다. 그 후로 우리는 주님과 교제하고 동행하게 되었고 그분의 신부가 되어서 복음으로 영적인 자식들을 낳게 되었습니다.

그러나 베데스다 연못가라는 종교의 세계에 머물러 있는 자들은 아직도 그 연못이 동(動)하기만 하면 일등으로 뛰어들어서 새로운 신화(神話)를 창조하려고 혼신의 노력을 기울이고 있습니다. 제가 30여 년 전에 만나서 교제하던 김 모(謀)라는 전도자는 사람들을 울리는 감성(感性)팔이 분야의 일등(一等)이었는데, 최근에 우연히 유투브(YouTube)에서 그분의 최신 동영상 설교를 보게 되었습니다. 그분은 지금도 여전히 30여 년 전과 똑같은 예화를 들려주면서 청중들의 눈물을 짜내는 설교를 하고 있었습니다. 그분은 여전히 감성(感性)팔이의 일등으로 종교의 세계에서는 날리고 있습니다. 종교의 세계에서, 어떤 이는 희생적인 삶에서 일등으로, 어떤 이는 겸손과 청빈의 삶에서 일등으로 이름을 날립니다.

일등(一等)들만 판치는 세계가 바로 종교의 세계입니다. 저도 거듭나기 전에는 일등주의자였습니다. 베데스다 연못가에서 숨을 죽이고 기다리다가 연못 물이 움직일 때 일등으로 들어간 자만 판을 치는 더러운 세계에서 저를 벗어나게 하신 주님께 감사를 드립니다. 38년 된 병자와 같았던 우리를 만나 주신 주님을 찬양합니다.

할렐루야!

사망에 이르는 죄는 짓지 말라

"그 후에 예수께서 성전에서 그 사람을 만나 이르시되 보라 네가 나았으니 더 심한 것이 생기지 않게 다시는 죄를 범치 말라 하시니 그 사람이 유대인들에게 가서 자기를 고친 이는 예수라 하니라 그러므로 안식일에 이러한 일을 행하신다 하여 유대인들이 예수를 핍박하게 된지라 예수께서 저희에게 이르시되 내 아버지께서 이제까지 일하시니 나도 일한다 하시매 유대인들이 이를 인하여 더욱 예수를 죽이고자 하니 이는 안식일만 범할뿐 아니라 하나님을 자기의 친 아버지라 하여 자기를 하나님과 동등으로 삼으심이러라

그러므로 예수께서 저희에게 이르시되 내가 진실로 진실로 너희에게 이르노니 아들이 아버지의 하시는 일을 보지 않고는 아무 것도 스스로 할 수 없나니 아버지께서 행하시는 그것을 아들도 그와 같이 행하느니라 아버지께서 아들을 사랑하사 자기의 행하시는 것을 다 아들에게 보이시고 또 그보다 더 큰 일을 보이사 너희로 기이히 여기게 하시리라 아버지께서 죽은 자들을 일으켜 살리심 같이 아들도 자기의 원하는 자들을 살리느니라 아버지께서 아무도 심판하지 아니하시고 심판을 다 아들에게 맡기셨으니 이는 모든 사람으로 아버지를 공경하는 것 같이 아들을 공경하게 하려 하심이라 아들을 공경치 아니하는 자는 그를 보내신 아버지를 공경치 아니하느니라

내가 진실로 진실로 너희에게 이르노니 내 말을 듣고 또 나 보내신 이를 믿는 자는 영생을 얻었고 심판에 이르지 아니하나니 사망에서 생명으로 옮겼느니라 진실로 진실로 너희에게 이르노니 죽

은 자들이 하나님의 아들의 음성을 들을 때가 오나니 곧 이 때라 듣는 자는 살아나리라 아버지께서 자기 속에 생명이 있음 같이 아들에게도 생명을 주어 그 속에 있게 하셨고 또 인자됨을 인하여 심판하는 권세를 주셨느니라 이를 기이히 여기지 말라 무덤 속에 있는 자가 다 그의 음성을 들을 때가 오나니 선한 일을 행한 자는 **생명의 부활로, 악한 일을 행한 자는 심판의 부활로 나오리라**"(요한복음 5:14-29).

예수님께서 베데스다 연못 주변에서 38년 된 병자를 고쳐 주신 후에, 성전에서 그를 다시 만나셨습니다. 그리고 그에게 **"보라 네가 나았으니 더 심한 것이 생기지 않게 다시는 죄를 범치 말라"**라고 권면하셨습니다. 요한복음 8장에 기록된 말씀에서 간음하다 현장에서 붙잡힌 여인에게도 주님께서는 동일한 말씀을 하셨습니다. 38년 된 병자가 고침을 받은 것은 그가 거듭난 것을 계시합니다. **"일어나 네 침상을 들고 걸어가라"**라는 주님의 말씀을 듣고 믿음으로, 그 병자는 죄의 자리를 털고 일어나서 의의 길을 가게 되었습니다. 그런데 말입니다. 우리가 거듭났다고 **"다시는 죄를 범치 말라"**라는 주님의 명령대로 다시는 죄를 범하지 않으며 전적으로 거룩하게 살 수 있겠습니까? 성경은 우리가 거듭났다고 해도 우리의 육체의 더러운 것들이 제해진 것은 아니라고(벧전 3:21) 말씀합니다.

사망에 이르는 죄와 사망에 이르지 아니하는 죄

요한복음을 기록한 사도 요한은 예수님께서 38년 된 병자에게

"다시는 죄를 범치 말라"라고 말씀하신 부분에서의 죄는 "어떤 죄"를 의미하는지를 요한일서에서 설명하고 있습니다. 사도 요한은 죄를 "사망에 이르는 죄"와 "사망에 이르지 아니하는 죄"로 구분했습니다. 우리가 짓는 죄 중에는, 지옥에 가게 하는 죄와 지옥에 가게 하지는 않는 죄가 있습니다. 사망, 즉 지옥에 이르는 죄란 복음을 믿지 않는 죄입니다. 우리들이 부족하고 연약해서 짓는 모든 죄는 예수 그리스도께서 육신을 입고 이 땅에 오셔서 받으신 세례로 다 짊어지시고 십자가의 피로 온전히 없애 주셨습니다.

물론 형제를 미워했다든지 또는 음란한 생각을 품었다든지 하는 것도 죄입니다. 율법을 범하거나 어긴 것은 다 죄입니다. 그렇지만 그런 죄 때문에 사람이 지옥에 가지는 않습니다. 그렇다고 그런 죄들을 마음껏 지어도 된다는 말은 아닙니다. 우리가 부족하고 연약해서 짓는 죄들도 하나님 앞에서 악행(惡行)입니다. 그런 죄를 지었을 때에 우리는 자기의 악함을 인정하고 복음의 진리로 다시금 마음을 새롭게 해야 합니다. 예수 그리스도의 원형복음(原形福音)을 믿어서 죄 사함을 받은 의인들은 늘 자기의 악행이나 잘못을 시인하고 복음의 진리로써 마음을 새롭게 해야 합니다. 그것이 의인들이 진리의 복음으로 죄 문제를 해결하고 더욱더 충만한 은혜 중에 주님을 따르는 길입니다.

그런데 우리의 모든 죄를 물과 피로 임하신 주님께서 깨끗이 씻어 주셨다는 진리의 복음 자체를 믿지 않거나 믿었다가 부인하는 죄는 **"사망에 이르는 죄"**입니다. 그 죄가 바로 성령을 모독하는 죄입니다. **"우리가 진리를 아는 지식을 받은 후 짐짓 죄를 범한즉 다시 속죄하는 제사가 없고 오직 무서운 마음으로 심판을 기다리는 것과 대적하는 자를 소멸할 맹렬한 불만 있으리라 모세의 법을**

폐한 자도 두 세 중인을 인하여 불쌍히 여김을 받지 못하고 죽었거든 하물며 하나님 아들을 밟고 자기를 거룩하게 한 언약의 피를 부정한 것으로 여기고 은혜의 성령을 욕되게 하는 자의 당연히 받을 형벌이 얼마나 더 중하겠느냐 너희는 생각하라"(히 10:26-29). 어떤 이들은 **"물과 피의 복음"**만이 유일한 진리의 복음이라고 믿었다가 배반하고 부인합니다. 그런 죄가 사망에 이르는 죄입니다. 그런 자들은 무서운 경고의 말씀에 귀를 기울여야 합니다. **"한번 비췸을 얻고 하늘의 은사를 맛보고 성령에 참예한바 되고 하나님의 선한 말씀과 내세의 능력을 맛보고 타락한 자들은 다시 새롭게 하여 회개케 할 수 없나니 이는 자기가 하나님의 아들을 다시 십자가에 못 박아 현저히 욕을 보임이라"**(히 6:4-6). 사망에 이르는 죄는 굉장히 두려운 죄입니다. 자기를 모든 죄에서 구원한 온전한 복음을 듣고서 믿는다고 고백했다가 배반하고 뱉어 버리는 죄는 예수 그리스도를 짓밟는 죄이기에 그런 죄를 지은 자는 다시는 구원을 받을 기회조차 없습니다. 우리는 결코 진리의 복음 말씀을 부인(否認)하는 죄를 짓지 말아야 합니다.

성경에서의 선(善)한 일이란?

"선한 일을 행한 자는 생명의 부활로, 악한 일을 행한 자는 심판의 부활로 나오리라"(요 5:29). 성경의 영적 말씀을 깨닫지 못하는 사람들은 이런 말씀에서 다시 혼돈에 빠집니다. **"땅이 혼돈하고 공허하며 흑암이 깊음 위에 있고 하나님의 신은 수면에 운행하시니라"**(창 1:2)는 말씀대로 거듭나지 못한 사람의 마음은 혼돈과 공허와 어두움(죄)으로 가득합니다. 죄인들은 모든 사물에 대한 왜곡

된 지식을 가지고 있습니다. 그들에게는 참과 거짓이 뒤집혀 있고 귀한 것과 천한 것이 뒤집혀 있고 선과 악도 전도(顚倒)되어 있습니다. 거듭나지 못해서 육신적인 사람들은 **"선한 일"**이라고 하면 남을 위해서 희생하고 빈궁한 이들에게 물질적, 정신적으로 도움을 주는 것으로 이해합니다. 물론 그런 일도 아름다운 일입니다. 그러나 성경이 말하는 **"선한 일"**이란 진리의 복음으로 영혼들을 죄에서 구원해서 영원한 천국에 들어가게 하는 일입니다.

극단적인 예를 하나 들어보겠습니다. 마더 테레사라고 하는 천주교의 수녀는 캘커타의 길거리에서 죽어 가는 사람들을 자기의 시설에 수용해서 그들이 편안한 임종을 맞도록 돌보는 사역을 했습니다. 그래서 그는 전 세계인들의 존경을 받았고 노벨 평화상도 받았습니다. 육신적인 관점에서 볼 때, 그녀는 지극히 **"선한 일"**에 평생을 바친 분입니다. 그런데 그의 선행은 인간의 눈에나 선한 일이지 하나님의 관점에서 냉정하게 말하자면, 그녀의 선행은 삼일 전에 지옥에 갔을 사람을 삼일 후에 지옥으로 보낸 것에 불과합니다. 하나님의 뜻은 사람들이 당신의 외아들이 자기의 몸으로 드린 **"한 영원한 제사"**(히 10:12)를 믿어서 죄에서 구원을 받고 당신의 자녀로 삼는 일입니다. 지옥에 갈 불쌍한 영혼들에게 진리의 복음을 전해 주어서 그들도 죄 사함 받고 천국에 들어가게 하는 일이 가장 **"선한 일"**이며 하나님께서 가장 기뻐하시는 일입니다.

저는 페이스북(Facebook)을 통해서 동남아시아나 아프리카, 혹은 중남미의 오지에서 헌신적으로 수고하시는 선교사님들의 소식을 자주 접합니다. 그분들은 열악한 선교 현장에서 펌프를 박아서 그곳의 주민들이 깨끗한 물을 먹게 해 주고, 학교나 병원도 지어 주고, 나름대로 자신이 믿는 복음도 전해 주면서 헌신적인 삶을 살고 있습니다. 저도 선교사로 일을 해 보았기 때문에 그분들의 수고와 희생에는 머리가 숙여집니다. 그런데 그분들의 수고가 영혼들을 거듭나게 하지 못한다면, 그것은 하나님 앞에서 그다지 **"선한 일"**이 못됩니다. 물론 선교사들도 나름대로 복음을 전하지만, 그분들이 전하는 복음으로는 죄인들이 **"죄 사함으로 말미암는 구원"**(눅 1:77)을 받지 못합니다. 선교사님들이 전하는 십자가의 피만의 복음으로는 자기들과 똑같은 기독죄인(基督罪人)들만 양산(量産)합니다. 냉정하게 말하자면, 선교사님들은 헌신의 희생을 하면서 자기도 천국에 들어가지 못하면서 다른 사람들도 천국에 들어가지 못하도록 쭉정이의 복음을 뿌리고 있는 셈입니다.

진리의 복음을 믿음으로 단번에 얻는 구원의 역사

"내가 진실로 진실로 너희에게 이르노니 내 말을 듣고 또 나 보내신 이를 믿는 자는 영생을 얻었고 심판에 이르지 아니하나니 사망에서 생명으로 옮겼느니라 진실로 진실로 너희에게 이르노니 죽은 자들이 하나님의 아들의 음성을 들을 때가 오나니 곧 이 때라 듣는 자는 살아나리라"(요 5:24-25).

"내 말을 듣고 또 나 보내신 이를 믿는 자는 영생을 얻었고"― 주님의 진리의 복음을 믿는 자는 "장차 구원을 얻을 것이다"라고 말씀하시지 않고, "이미 구원을 얻었다"라고 선포합니다. 기독교인들은 존 번연(John Bunyan)이 쓴 "천로역정"이라는 소설의 틀(framework) 속에 갇혀서 헤어나지 못하고 있습니다. "의화(義化) 구원, 성화(聖化) 구원, 영화(榮華) 구원"으로 도식화된 점진적(漸進的) 또는 단계적(段階的) 구원의 교리는 거짓입니다. 십자가의 피만의 복음은 반쪽짜리 복음입니다. 그것은 **"성경대로의 복음"**(고전 15:3)이 아니기에, 그 복음으로는 결코 흰 눈같이 죄 사함을 받을 수 없습니다.

구약의 대제사장이 대속죄일(大贖罪日)에 드린 제사는 **"장차 오는 좋은 일의 그림자"**(히 10:1)입니다. 대속죄일에 대제사장 아론은 이스라엘 백성을 대표해서 흠 없는 숫염소의 머리에 안수했습니다. 그 안수(按手)로 이스라엘 백성의 일 년 치 죄를 단번에 뒤집어쓴 희생 염소는 멀리 광야에 버려져서 죗값을 치르고 죽었습니다. 이처럼 구약의 속죄 제사에는 반드시 1) 흠 없는 제물, 2) 안수(按手, 죄를 넘김), 3)제물의 죽음(피)—이 세 가지 요건이 충족되어야 했습니다. 그렇다면 하나님의 아드님께서 친히 인류의 어린양으로 오셔서 인류의 대표자인 세례 요한에게 안수의 형식으로 받으신 세례를 빼놓고 복음이 성립될 수 있겠습니까? 그런데 오늘날의 기독교 안에는 흠 없는 어린양도 있고 십자가의 피도 있는데, 예수님께서 안수의 방법으로 죄를 담당하신 세례의 진리는 어디로 갔습니까? 그것은 마치 앞바퀴를 떼어 버린 자전거를 온전한 자전거라고 억지를 부리는 것과 마찬가지입니다. 예수님은 받으신 세례로 세상 죄를 단번에 짊어지고 십자가로 가셔서 당신의 보혈로 우리의 모든 죄를 대속(代贖)하시고 **"다 이루었다"**라고 외치신 후 돌아가셨습니다. 우리가 죽어야 할 그 자리에서 주님께서 우리를 대신해서 돌아가심으로 우리를 죄와 상관없는 자들로 만들어 주셨습니다.

주님께서 **"내 말"** 또는 **"하나님의 아들의 음성"**이라고 표현하신 것은 진리의 복음을 지칭합니다. 예수님께서 가르쳐 주신 진리의 복음을 듣고 아들을 보내 주신 하나님 아버지의 뜻을 믿는 자는 죄 사함을 받고 영생을 얻습니다. 진리의 복음을 믿어서 거듭난 우리에게는 심판이 없습니다. 우리는 사망에서 생명으로, 즉 지옥에서 천국으로 옮겨간 자들입니다.

그러나 마음에 죄가 있는 자는 절대로 천국에 들어가지 못합니다. **"죄의 삯은 사망"**(롬 6:23)이기 때문입니다. 예수님 피만의 복음에는 자기의 죄가 예수님께로 넘어간 증거의 말씀이 없기 때문에, 그런 반쪽짜리 복음을 믿는 자는 반드시 마음에 죄가 있습니다. 그리고 죄가 있으면 지옥의 판결을 면할 수 없습니다. 그러므로 기독죄인(基督罪人)들은 자기가 죄인이기 때문에 지옥에 간다는 사실을 인정하고 **"죄 사함으로 말미암는 구원"**을 받기 위하여 속히 돌이켜서 진리의 복음을 믿어야 합니다.

복음 안에서 자는 자들의 부활과 휴거

"이를 기이히 여기지 말라 무덤 속에 있는 자가 다 그의 음성을 들을 때가 오나니 선한 일을 행한 자는 생명의 부활로, 악한 일을 행한 자는 심판의 부활로 나오리라"(요 5:28-29).

이 부분은 마지막 때 부활(復活)에 관한 말씀입니다. 우리의 믿음의 궁극적 지향은 부활(復活)입니다. 주님께서 부활하셔서 부활의 첫 열매가 되셨습니다. 주님께서는 거듭난 의인들이 장차 부활할 것을 약속하셨습니다. 만일 의인의 부활이 없다면 우리의 믿음은 헛것입니다(고전 15:17). 진리의 원형복음을 믿어서 거듭난 우리들은 복음 전파의 **"선한 일"**을 하다가 잠들게 되더라도 주님께서 재림하실 때에 반드시 영적인 몸을 입고 부활할 것입니다.

"주께서 호령과 천사장의 소리와 하나님의 나팔로 친히 하늘로

좇아 강림하시리니 그리스도 안에서 죽은 자들이 먼저 일어나고 그 후에 우리 살아 남은 자도 저희와 함께 구름 속으로 끌어 올려 공중에서 주를 영접하게 하시리니 그리하여 우리가 항상 주와 함께 있으리라"(살전 4:16-17).

마지막 나팔, 즉 일곱 번째 나팔이 불리는 순간이 의인들의 부활의 때입니다. 그때 무덤에서 잠자던 의인들이 먼저 일어나서 첫째 부활에 참여합니다. 우리가 그때까지 살아서 주님의 재림을 맞이한다면 그때에 우리도 홀연히 신령한 몸으로 변화될 것입니다. 그리고 공중으로 끌려 올라가서 주님과 만날 것입니다. 그것이 휴거(携擧, rapture)입니다. 의인들이 부활하여 휴거 되어 공중 혼인잔치를 벌이고 있는 동안, 이 땅의 죄인들에게는 일곱 대접의 진노가 부어질 것입니다. 그것은 아들을 아낌없이 내어 주셔서 구원의 은총을 베푸신 하나님의 사랑을 끝까지 거부하고 대적한 자들에 대한 하나님의 공의한 응징입니다.

그 후에 주님께서 이 땅을 새롭게 하시고 부활한 의인들과 함께 지상으로 내려오셔서 천년왕국을 펼치실 것입니다. 이 기간은 의인들의 보상(補償) 기간입니다. 우리가 전에 **"선한 일"**을 위하여 희생하고 수고한 상급을 따라 각기 열 고을, 다섯 고을, 혹은 한 고을을 다스리는 분봉왕(分封王)들이 될 것입니다. 우리 의인들은 주님과 함께 천년왕국에서 천 년 동안 왕 노릇 합니다.

천 년이 차면 둘째 부활이 있습니다. 그때 **"악한 일"**을 행한 자들이 심판의 부활로 나옵니다. 주님께서 말씀하시는 **"악한 일"**은 주님의 구원의 사역을 믿지 않거나 대적한 죄입니다. 이때에 죄 사함을 받지 못한 모든 죄인들은 불사(不死)의 몸을 입고 부활해서 최후의 심판을 받습니다. 그들은 영원히 꺼지지 않는 불 못, 즉 지옥에 떨어지게 됩니다. 하나님께서 크고 흰 보좌를 베푸시고 부활시킨 죄인들을 심판하셔서 형량대로 사단 마귀와 함께 무저갱(無底坑)의 지옥에 처넣으시고 다시는 열리지 않도록 지옥의 문을 닫으실 것입니다. 이 모든 심판을 마치신 후에, 주님께서는 우리 의인들과 함께 영원한 천국으로 들어가십니다.

어떤 자들은 "선하고 인자하신 하나님께서 우리가 당신을 믿지 않았다는 이유 하나로 우리를 지옥에 처넣으시겠느냐?"하며 "지옥은 없다"라고 강변(强辯)합니다. 그러나 지옥은 분명 있습니다. 요한계시록에는 지옥은 **"불과 유황으로 타는 못"**(계 21:8)이라고 기록되어 있고, 주님께서도 **"거기는 구더기도 죽지 않고 불도 꺼지지 아니하느니라 사람마다 불로서 소금 치듯함을 받으리라"**(막 9:48-49)고 말씀하셨습니다. "지옥은 없다"라는 거짓말에 현혹되지 마십시오. 영생(永生)의 천국과 영벌(永罰)의 지옥은 분명히 있습니다. 기록된 말씀을 믿는 것이 믿음입니다. 하나님은 공의(公義)합니다. 우리를 구원하시려고 당신의 아들까지 아낌없이 내어 주셔서 영생의 천국에 들어갈 길을 완성해 놓으셨는데, 그러한 하나님의 무조건적인 사랑을 거부하거나 대적한 자들을 하나님께서 심판하시는 것은 합당합니다.

거듭난 우리에게는 심판이 없습니다. 우리는 진리의 복음을 굳게 붙들고 주님께서 오실 때까지 우리의 믿음을 지켜야 합니다. 거듭난 우리들은 죽음이 두렵지 않습니다. 혹 주님께서 더디 오셔서 우리가 잠든다 할지라도 우리는 부활과 영생을 확신하면서 평안 중에 죽음을 맞이할 수 있습니다. 저도 너무 힘들 때에는 "아! 이제는 주 안에서 편안히 쉬고 싶다"라는 생각이 들 때도 있습니다. 그러나 아직은 험한 세상에서 **"선한 일"**을 더 하여야 하기에 하나님께 기도드립니다.

　주여, 맡겨 주신 **"선한 일"**들을 다 감당하도록 건강과 은사를 주시고 함께 사역할 믿음의 동역자들을 보내 주시옵소서. 주 예수 그리스도의 이름으로 기도합니다.

　아멘!

내가 진실로 진실로 너희에게 이르노니
내 말을 듣고 또 나 보내신 이를 믿는 자는
영생을 얻었고 심판에 이르지 아니하나니
사망에서 생명으로 옮겼느니라

(요5:24)

의인들의 작은 헌신이
생명의 역사를 일으킨다

"그 후에 예수께서 갈릴리 바다 곧 디베랴 바다 건너편으로 가시매 큰 무리가 따르니 이는 병인들에게 행하시는 표적을 봄이러라 예수께서 산에 오르사 제자들과 함께 거기 앉으시니 마침 유대인의 명절인 유월절이 가까운지라 예수께서 눈을 들어 큰 무리가 자기에게로 오는 것을 보시고 빌립에게 이르시되 우리가 어디서 떡을 사서 이 사람들로 먹게 하겠느냐 하시니 이렇게 말씀하심은 친히 어떻게 하실 것을 아시고 빌립을 시험코자 하심이라 빌립이 대답하되 각 사람으로 조금씩 받게 할찌라도 이백 데나리온의 떡이 부족하리이다

제자 중 하나 곧 시몬 베드로의 형제 안드레가 예수께 여짜오되 여기 한 아이가 있어 보리떡 다섯 개와 물고기 두 마리를 가졌나이다 그러나 그것이 이 많은 사람에게 얼마나 되겠삽나이까

예수께서 가라사대 이 사람들로 앉게 하라 하신대 그 곳에 잔디가 많은지라 사람들이 앉으니 수효가 오천쯤 되더라 예수께서 떡을 가져 축사하신 후에 앉은 자들에게 나눠 주시고 고기도 그렇게 저희의 원대로 주시다 저희가 배부른 후에 예수께서 제자들에게 이르시되 남은 조각을 거두고 버리는 것이 없게 하라 하시므로 이에 거두니 보리떡 다섯 개로 먹고 남은 조각이 열 두 바구니에 찼더라

그 사람들이 예수의 행하신 이 표적을 보고 말하되 이는 참으로 세상에 오실 그 선지자라 하더라"(요한복음 6:1-14).

"오병이어(五餠二魚)의 기적"은 4복음서(四福音書)에 다 기록된 기사입니다. 4복음서가 공(共)히 기록하고 있는 예수님의 행적이나 교훈은 그렇게 많지 않습니다. 예를 들자면, 예수님께서 받으신 세례나 십자가의 죽으심에 대해서는 4복음서가 공히 기록하고 있지만, 예수님의 탄생에 관해서는 마가복음이나 요한복음에는 기록이 없습니다. "오병이어(五餠二魚)의 기적"이 4복음서(四福音書)에 공히 기록되었다는 사실은 그 이적(異蹟)이 얼마나 중요한지를 의미합니다.

오병이어(五餠二魚)의 기적의 함의(含意)

예수님께서 갈릴리 호수 건너편으로 가셨을 때에 많은 사람들이 예수님을 따라다녔습니다. 당시의 이스라엘 백성들은 영육간에 궁핍했습니다. 자기들을 구원해 줄 메시아가 오시기를 간절히 바라고 있었을 때에, 메시아가 오셨다는 소식을 듣고 사람들이 구름 떼처럼 모여들어서 예수님을 따라다녔습니다. 마가복음이나 누가복음에는 배불리 먹은 남자만 오천 명이었다고 기록하고 있으니, 여자와 어린이들을 합하면 만 명이 훨씬 넘게 모였을 것입니다. 그들에게는 먹을 음식이 없었습니다. 예수님께서 그들을 바라보시고 측은히 여기셔서, **"우리가 어디서 떡을 사서 이 사람들로 먹게 하겠느냐"** 하고 빌립에게 물으셨습니다. 예수님께서 앞으로 행하실 일을 제자들에게 보이시려고 이렇게 물으신 것입니다. 빌립은 계산에 밝은 사람이었습니다. 그는 **"각 사람으로 조금씩 받게 할찌라도 이백 데나리온의 떡이 부족하리이다"** 하고 곧바로 계산서를 내놓았습니다. 한 데나리온은 장정 하루의 품삯이니, 지금 현재 우리나라의

화폐 단위로 환산하자면 어림잡아 2,000만 원은 있어야 무리를 먹이겠다는 말입니다.

그런데 베드로의 동생 안드레는 **"여기 한 아이가 있어 보리떡 다섯 개와 물고기 두 마리를 가졌나이다 그러나 그것이 이 많은 사람에게 얼마나 되겠삽나이까"** 하고 예수님께 말씀을 드렸습니다. 한 어린아이가 보리떡 다섯 개와 물고기 두 마리를 제자들에게 내어놓았다는 말입니다. 주님께서는 그 어린아이가 드린 보리떡 다섯 개와 물고기 두 마리 위에 축복의 기도를 하시고 제자들을 시켜서 그 떡과 물고기를 나눠 주게 하셨습니다. 보리떡 다섯 개와 물고기 두 마리는 그 어린아이의 한 끼 식사에 불과한 것인데, 주님께서 감사의 기도를 드리자 떡과 물고기가 불어나기 시작했습니다. 놀라운 이적이 일어났습니다. 남자만 오천 명이, 여자와 아이들까지 합하면 수만 명이 배불리 먹고도 남은 음식이 열두 바구니에 가득 찼습니다.

하나님은 이 놀라운 역사를 통해서 우리에게 가르쳐 주시고자 하는 교훈이 있습니다. 이 어린아이는 하나님의 교회를 계시합니다. 하나님의 교회는 어린아이처럼 미력하고 보잘것없지만, 영혼들을 구원하시려는 주님의 뜻에 절대적으로 순종하기를 원합니다. 하나님의 교회는 자기의 모든 것을 드려서 주님의 뜻을 섬깁니다. 또한 **"보리떡 다섯 개와 물고기 두 마리"**는 진리의 복음을 상징합니다. 성경에 기록된 숫자들은 의미를 가지고 있습니다. 성경에서 "다섯"이라는 숫자는 은혜를 상징하고 "둘"은 진리를 의미하는 숫자입니다. 즉 **"보리떡 다섯 개와 물고기 두 마리"**는 은혜와 진리가 충만한 진리의 원형복음(原形福音)을 계시합니다. 하나님의 교회가 받았고 전파하고 있는 원형의 복음 안에는 하나님의 은혜와 진리가 충만합니다. 하나님의 교회 안의 모든 성도들은 그 복음으로 영생을 얻었고, 평안을 누리고, 수많은 영혼들을 영적으로 배불리 먹입니다.

모든 사람을 구원에 이르게 하는 진리의 복음

거듭난 의인들의 모임인 하나님의 교회는 진리의 복음을 양식으로 삼습니다. 그리고 어린아이가 보리떡 다섯 개와 물고기 두 마리를 드렸듯이, 우리들도 비록 적은 무리이지만 이 귀한 복음을 위해서 자기를 드립니다. **"그 안에서 너희도 진리의 말씀 곧 너희의 구원의 복음을 듣고 그 안에서 또한 믿어 약속의 성령으로 인치심을 받았으니"**(엡 1:13)라고 말씀하셨듯이, **"진리의 말씀"**은 **"구원의 복음"**입니다. 하나님께서는 진리의 복음을 믿어서 거듭난 의인들에게 성령님을 보내 주셔서 그들의 심령에 구원의 인(印)을 치십니다. 성령님께서 죄 사함 받은 우리 의인들의 마음에 오셔서 "너는 내 것" 하고 인(印)을 치셔서 우리가 다시는 사단 마귀에게 빼앗기지 않도록 하십니다.

오늘날 전 세계의 기독교인이 대략 15억 명이나 된다고 합니다. 그들은 대체로 십자가의 피만으로 이루어진 복음을 믿습니다. 그런데 말입니다. 그들이 믿고 전파하는 그 복음은 영혼들의 마음에 **"죄 사함으로 말미암는 구원"**(눅 1:77)을 베풀어 주지 못합니다. 그들이 믿는 십자가의 피만의 복음으로는 **"결코 정죄함이 없는"**(롬 8:1) 구원을 받지 못합니다. 십자가의 피만을 믿는 기독교인들에게는 자기의 모든 죄가 예수님께로 넘어갔다는 증거의 말씀이 없기 때문에, 그들의 마음에 죄가 고스란히 남아 있습니다. 그래서 그들은 기독죄인(基督罪人, Christian sinners)들로 신앙생활을 하다가 지옥에 갑니다. 예수님의 피만의 복음은 구약과 신약의 모든 말씀으로 확증된 **"성경대로의 복음"**(고전 15:3)이 아닙니다. 바울이나 베드로, 요한 등 사도들이 믿고 전했던 복음은 **"예수님의 세례와 십자가의 복음"**입니다. 그래서 사도 요한은 예수님을 **"물과 피로 임하신 분"**(요일 5:6)이라고 선포했습니다.

사도 바울은 자기가 전한 복음을 **"성경대로 그리스도께서 우리 죄를 위하여 죽으시고 성경대로 다시 살아나신 복음"**이라고 소개했습니다(고전 15:3-4). 여기서 말씀한 성경은 구약성경이며, 사도 바울은 구약성경에 해박한 종이었습니다. 사도 바울은 구약성경에 계시된 말씀을 통해서 진리의 복음을 세미하게 전했던 종입니다. 구약성경의 핵심은 레위기이며 **"레위와 맺은 언약"**의 핵심은 속죄의 제사입니다. 하나님께서는 타락한 우리 인류를 죄에서 구원하셔서 당신의 자녀로 삼고자 속죄의 제사법(祭祀法)을 세우시고, 그 예표(豫表)를 따라 장차 당신의 외아들을 전 인류의 대속(代贖) 제물(祭物)로 보내시겠다고 약속하셨습니다. 구약에 기록된 모든 속죄 제사의 결정판은 대속죄일(大贖罪日)의 제사입니다. 그날에 대제사장 아론은 대표로 흠 없는 숫염소의 머리에 안수해서 이스라엘 백성의 일 년 치 죄를 단번에 넘겼습니다. 그 계시를 좇아서, 하나님께서 아론의 후손이자 여자의 몸에서 난 자 중에 가장 큰 자로 보내신 세례 요한은 예수님의 머리에 안수(按手)의 형식으로 세례를 베풀었습니다. **"그 세례"**(행 10:37)로 세상의 모든 죄가 예수님께 넘어갔기에, 예수님은 세례를 받으신 이튿날에, **"보라 세상 죄를 지고 가는 하나님의 어린양이로다"**(요 1:29)라는 증거를 받으셨습니다.

이와 같이 은혜와 진리가 충만한 원형(原形)의 복음에는 세례와 십자가가 반드시 포함됩니다. 그러므로 예수님께서 받으신 세례를 빼버린 복음, 즉 십자가의 피만의 복음은 반쪽짜리의 복음입니다. 그런 복음은 은혜와 진리가 충만하지 않기 때문에, 어린아이가 드린 **"보리떡 다섯 개와 물고기 두 마리"**의 복음이 아닙니다. 온전한 진리의 복음이 아닌 반쪽짜리의 복음을 믿어서는 여전히 마음에 죄가 있는 기독죄인(基督罪人)으로 남습니다. 자전거에서 앞바퀴를 빼버리고 그것을 자전거라고 속여서 판다면 그 사람은 사기꾼입니다. 뒷바퀴만 있는 자전거를 탈 수 없듯이, 반쪽짜리의 복음은 아무 효력이 없습니다. 따라서 지금의 기독교 안에는 사기꾼들이 무지몽매한 영혼들에게 사기를 치고 있는 셈입니다.

그러나 우리가 믿는 **"물과 피의 복음"**(요일 5:6), 즉 예수님의 세례와 십자가의 복음은 **"보리떡 다섯 개와 물고기 두 마리"**의 복음이며 은혜와 진리가 충만한 복음입니다. 예수님께서는 쭉정이와 알곡에 대해서 말씀하셨습니다. 쭉정이와 알곡은 생김새가 거의 비슷합니다. 그런데 키로 까부르면 쭉정이는 속에 생명의 알맹이가 없어서 바람에 날려가고 키 안에는 알곡만 남습니다. 기독죄인들도 우리와 외모는 비슷합니다. 아니 외모는 우리 의인들보다 훨씬 더 훌륭해 보입니다. 찬양도 감정에 휩싸여서 은혜롭게 부르고 언행도 반듯하고 늘 웃는 표정을 짓고 삽니다. 그런데 그들은 반쪽짜리의 복음으로 인해서 마음에 죄가 있습니다. 그래서 새벽마다 울고불고 죄를 용서해달라고 회개 기도를 드립니다.

진리의 복음을 믿어서 죄 사함 받은 자들은 죄가 전혀 없는 의인들로 거듭납니다. **"그러므로 이제 그리스도 예수 안에 있는 자에게는 결코 정죄함이 없나니 이는 그리스도 예수 안에 있는 생명의**

성령의 법이 죄와 사망의 법에서 너를 해방하였음이라"(롬 8:1-2)고 성경은 선언합니다. 우리는 비록 부족해도 **"물과 피로 임"**(요일 5:6)하신 주님의 구원 사역은 완전하기 때문에, 진리의 원형복음을 믿는 우리는 값없이 의롭다 함을 얻고 넉넉하게 천국에 들어갑니다.

진리의 복음을 믿고 헌신하는 자들의 축복

어린아이가 드린 **"보리떡 다섯 개와 물고기 두 마리"**는 은혜와 진리가 충만한 복음, 즉 **"물과 피의 복음"**을 계시합니다. 주님께서 **"보리떡 다섯 개와 물고기 두 마리"** 위에 축복하시자, 모인 사람들이 배불리 먹고 떡과 물고기의 남은 것이 열두 광주리나 되었습니다. 어린아이와 같이 부족하고 적은 무리인 하나님의 교회가 자기에게 주신 진리의 복음을 위해서 헌신하면, 우리 주님께서는 우리의 헌신 위에 축복하셔서 전 세계 영혼들을 다 구원하고도 남는다고 저는 믿습니다.

또한 성경은 **"내가 어려서부터 늙기까지 의인이 버림을 당하거나 그 자손이 걸식함을 보지 못하였도다"**(시 37:25)라고 말씀하십니다. 이는 복음을 위해서 헌신한 이들은 절대로 궁핍하지 않는다는 약속입니다. 우리 의인들은 하나님의 기뻐하시는 뜻에 자기를 드리기를 기뻐합니다. 먼저 그의 나라와 그의 의를 구하는 우리들은 장차 하나님 앞에서 착하고 충성된 종으로 칭찬을 받고 천년왕국과 영원한 천국의 주인이 될 것입니다. 여러분도 값지고 아름답고 또 풍요한 삶을 누리려거든 이 어린아이와 같이 복음을 위해서 자기를 드리시기를 바랍니다.

사도 바울은 자기나 사도들이 전한 **"성경대로의 복음"**(고전 15:3-4) 외에 다른 복음은 없다고 선포했습니다. 저도 사도들이 전했던 진리의 원형복음을 믿고 전합니다. 적잖은 기독교인들이 **"성경대로의 복음"**(고전 15:3-4)을 듣고서 이것이 진리의 복음이라고 인정을 합니다. 그런데 그들은 말씀을 잘 따라오다가 어느 순간에 돌아서서 기독죄인(基督罪人)들의 무리 속에 숨어 버립니다. 저는 그런 사람들을 많이 보았고 그런 이들을 참으로 안타깝게 생각합니다.

만일 누가 우리처럼 적은 무리가 믿고 좇는 **"물과 피의 복음"**이 유일한 진리의 복음이라고 고백하면 어떻게 될까요? 자기가 속해 있던 종교의 옛 마을에서 배척을 당하고 이단에 빠졌다고 비난을 받게 됩니다. 그들은 그것이 두려워서 조용히 물러가는 것입니다. 그들은 비겁하고 지질한 겁쟁이들입니다. 많은 것을 잃어버리고 비난을 받더라도 천국의 영생을 얻게 하는 진리의 복음을 좇는 사람이 지혜로운 자입니다. 저는 세상의 비난이나 배척 따위는 전혀 두렵지 않습니다. 전 세계 사람들이 다 우리를 이단(異端)이라고 정죄해도, 주님께서는 "너희가 믿고 전파하는 복음이 진리이다"라고 말씀하시기 때문입니다. 사람들이 아무리 비난하고 대적해도 진리는 물과 피의 복음입니다.

사도 바울은 **"다른 복음은 없나니 만일 내가 너희에게 전한 복음 외에 다른 복음을 전하면 저주를 받을지어다"** 하고 갈라디아서 1장에서 단언했습니다. 예수님께서 받으신 세례를 빼버리고 십자가의 피만을 복음으로 믿는 자들은 저주를 받습니다. "물과 피의 복음"도 진리이고 십자가의 피만의 복음도 진리라고요? 진리는 하나이지 두 개가 될 수 없습니다. **"증거하는 이가 셋이니 성령과 물과**

피라 또한 이 셋이 합하여 하나이니라"(요일 5:8)고 말씀하셨습니다. "**성령과 물과 피**"의 증거를 다 가지고 있는 복음만이 유일하고도 온전한 진리의 복음입니다.

"**적은 무리여 무서워 말라 너희 아버지께서 그 나라를 너희에게 주시기를 기뻐하시느니라**"(눅 12:32). 진리의 복음으로 거듭난 우리는 적은 무리입니다. 이 세상 사람들의 눈으로 보면, 우리는 오병이어(五餠二魚)를 드렸던 어린아이처럼 가진 것도 별로 없고 은사나 능력들도 별로 없는 미미한 존재들입니다. 그러나 우리에게는 오병이어(五餠二魚)의 복음이 있습니다. 하나님께서 은혜와 진리가 충만한 진리의 복음을 우리에게 주셨고 우리는 이 복음을 위해서 기꺼이 우리를 드릴 마음이 있습니다. 주님께서는 우리의 믿음과 헌신 위에 풍성하게 역사하실 것입니다. 우리 하나님께서 우리의 적은 헌신 위에 놀라운 큰 역사를 일으키셔서 전 세계를 다 구원하시고도 남게 하실 것입니다.

아멘! 할렐루야!

예수께서 대답하여 가라사대
하나님의 보내신 자를 믿는 것이
하나님의 일이니라 하시니
(요 6:29)

왜 주님의 살은 마다하고 피만 마십니까?

"이튿날 바다 건너편에 섰는 무리가 배 한 척 밖에 다른 배가 거기 없는 것과 또 어제 예수께서 제자들과 함께 그 배에 오르지 아니하시고 제자들만 가는 것을 보았더니 (그러나 디베랴에서 배들이 주의 축사하신 후 여럿이 떡 먹던 그 곳에 가까이 왔더라) 무리가 거기 예수도 없으시고 제자들도 없음을 보고 곧 배들을 타고 예수를 찾으러 가버나움으로 가서 바다 건너편에서 만나 랍비여 어느 때에 여기 오셨나이까 하니 예수께서 대답하여 가라사대 내가 진실로 진실로 너희에게 이르노니 너희가 나를 찾는 것은 표적을 본 까닭이 아니요 떡을 먹고 배부른 까닭이로다 썩는 양식을 위하여 일하지 말고 영생하도록 있는 양식을 위하여 하라 이 양식은 인자가 너희에게 주리니 인자는 아버지 하나님의 인치신 자니라

저희가 묻되 우리가 어떻게 하여야 하나님의 일을 하오리이까 예수께서 대답하여 가라사대 하나님의 보내신 자를 믿는 것이 하나님의 일이니라 하시니 저희가 묻되 그러면 우리로 보고 당신을 믿게 행하시는 표적이 무엇이니이까, 하시는 일이 무엇이니이까 기록된바 하늘에서 저희에게 떡을 주어 먹게 하였다 함과 같이 우리 조상들은 광야에서 만나를 먹었나이다 예수께서 이르시되 내가 진실로 진실로 너희에게 이르노니 하늘에서 내린 떡은 모세가 준것이 아니라 오직 내 아버지가 하늘에서 내린 참 떡을 너희에게 주시나니 하나님의 떡은 하늘에서 내려 세상에게 생명을 주는 것이

니라 저희가 가로되 주여 이 떡을 항상 우리에게 주소서

예수께서 가라사대 내가 곧 생명의 떡이니 내게 오는 자는 결코 주리지 아니할 터이요 나를 믿는 자는 영원히 목마르지 아니하리라 그러나 내가 너희더러 이르기를 너희는 나를 보고도 믿지 아니하는도다 하였느니라 아버지께서 내게 주시는 자는 다 내게로 올 것이요 내게 오는 자는 내가 결코 내어 쫓지 아니하리라 내가 하늘로서 내려온 것은 내 뜻을 행하려 함이 아니요 나를 보내신 이의 뜻을 행하려 함이니라 나를 보내신 이의 뜻은 내게 주신 자 중에 내가 하나도 잃어버리지 아니하고 마지막 날에 다시 살리는 이것이니라 내 아버지의 뜻은 아들을 보고 믿는 자마다 영생을 얻는 이것이니 마지막 날에 내가 이를 다시 살리리라 하시니라

자기가 하늘로서 내려온 떡이라 하시므로 유대인들이 예수께 대하여 수군거려 가로되 이는 요셉의 아들 예수가 아니냐 그 부모를 우리가 아는데 제가 지금 어찌하여 하늘로서 내려왔다 하느냐

예수께서 대답하여 가라사대 너희는 서로 수군거리지 말라 나를 보내신 아버지께서 이끌지 아니하면 아무라도 내게 올 수 없으니 오는 그를 내가 마지막 날에 다시 살리리라 선지자의 글에 저희가 다 하나님의 가르치심을 받으리라 기록되었은즉 아버지께 듣고 배운 사람마다 내게로 오느니라 이는 아버지를 본 자가 있다는 것이 아니라 오직 하나님에게서 온 자만 아버지를 보았느니라

진실로 진실로 너희에게 이르노니 믿는 자는 영생을 가졌나니 내가 곧 생명의 떡이로라 너희 조상들은 광야에서 만나를 먹었어도 죽었거니와 이는 하늘로서 내려오는 떡이니 사람으로 하여금 먹고 죽지 아니하게 하는 것이니라 나는 하늘로서 내려온 산 떡이니 사람이 이 떡을 먹으면 영생하리라 나의 줄 떡은 곧 세상의 생

명을 위한 내 살이로라 하시니라 이러므로 유대인들이 서로 다투어 가로되 이 사람이 어찌 능히 제 살을 우리에게 주어 먹게 하겠느냐

예수께서 이르시되 내가 진실로 진실로 너희에게 이르노니 인자의 살을 먹지 아니하고 인자의 피를 마시지 아니하면 너희 속에 생명이 없느니라 내 살을 먹고 내 피를 마시는 자는 영생을 가졌고 마지막 날에 내가 그를 다시 살리리니 내 살은 참된 양식이요 내 피는 참된 음료로다 내 살을 먹고 내 피를 마시는 자는 내 안에 거하고 나도 그 안에 거하나니 살아계신 아버지께서 나를 보내시매 내가 아버지로 인하여 사는 것 같이 나를 먹는 그 사람도 나로 인하여 살리라 이것은 하늘로서 내려온 떡이니 조상들이 먹고도 죽은 그것과 같지 아니하여 이 떡을 먹는 자는 영원히 살리라

이 말씀은 예수께서 가버나움 회당에서 가르치실 때에 하셨느니라"(요한복음 6:22-59).

주님의 살과 피를 다 먹고 마셔야만 영생을 얻습니다

예수님께서 "**인자의 살을 먹지 아니하고 인자의 피를 마시지 아니하면 너희 속에 생명이 없느니라**"라고 분명히 말씀하셨지만, 오늘날의 기독교인들은 대부분 주님의 살은 먹지 않고 예수님의 피만 마십니다. 그래서 그들은 마음에 죄가 있는 기독죄인(基督罪人)들로 남게 된 것입니다. 그리고 "**죄의 삯은 사망**"(롬 6:23)이기에, 그들은 지옥에 가게 됩니다. "나더러 주여 주여 한다고 다 천국에 들어가는 것이 아니다"라고 주님께서 말씀하셨습니다. 오늘의

본문은 진리의 원형복음이 무엇인가를 밝히 드러내 줍니다. 누구든지 주님의 살과 피로 이루어진 온전한 복음을 믿어서 죄 사함을 받아야만 천국 영생에 들어갑니다.

많은 기독교인들이 "나는 예수님을 영접했으니 거듭났다고 치고" 열심히 신앙생활을 합니다. 거듭난다는 것은, 굼벵이가 매미로 변화하듯이 죄인(罪人)이 하나님의 의를 믿어서 의인(義人)으로 변화되는 역사입니다. 그러므로 기독죄인들은 거듭나지 못한 이들입니다. 거듭나지도 못한 이들이 열심으로 신앙생활을 하고 봉사활동을 하는 것은 헛된 종교 행위에 불과합니다. 그것은 마치 바늘에 실을 꿰지도 않거나 실을 꿰었다고 해도 매듭을 짓지 않고 열심히 바느질하는 것과 같습니다. 그것은 헛된 수고일 뿐입니다. 그렇게 바느질을 백 년 동안 한다고 해도 꿰맨 자리는 다시 터져 버리고 맙니다. 바늘에 실을 꿰어서 매듭을 딱 짓고 바느질해야 그 바느질은 효과가 있습니다.

그런데 참으로 안타깝게도 하나님의 아드님께서 **"물과 피로 임"**(요일 5:6)하셔서 완성하신 의의 복음을 믿지 아니하는 자들, 즉 거듭나지도 못한 이들이 주님을 뜨겁게 섬기겠다고 생명을 겁니다. 성경은 자기를 불사르게 내어 줄지라도 사랑이 없으면 아무 것도 아니라고 말씀하셨는데, 그 사랑이 바로 진리의 원형복음입니다. **"진리의 사랑"**(살후 2:10)을 입지도 않은 이들이 자기 몸을 불사르게 내어 주고, 낙후된 지역에 학교나 병원을 지어 주고 평생을 헌신한들 그것은 아무 소용없습니다. 그들의 헌신적 사역으로 많은 교회가 서고 무수한 기독교인들을 일으키는 것은 자기와 같은 기독죄인(基督罪人)들을 양산(量産)하는 헛된 일에 불과합니다. 그런 이들은 **"화 있을찐저 외식하는 서기관들과 바리새인들이여 너희는**

교인 하나를 얻기 위하여 바다와 육지를 두루 다니다가 생기면 너희보다 배나 더 지옥 자식이 되게 하는도다"(마 23:15) 하신 경고의 말씀을 귀담아들어야 합니다.

"예수께서 이르시되 내가 진실로 진실로 너희에게 이르노니 인자의 살을 먹지 아니하고 인자의 피를 마시지 아니하면 너희 속에 생명이 없느니라 내 살을 먹고 내 피를 마시는 자는 영생을 가졌고 마지막 날에 내가 그를 다시 살리리니 내 살은 참된 양식이요 내 피는 참된 음료로다 내 살을 먹고 내 피를 마시는 자는 내 안에 거하고 나도 그 안에 거하나니 살아계신 아버지께서 나를 보내시매 내가 아버지로 인하여 사는 것같이 나를 먹는 그 사람도 나로 인하여 살리라"(요 6:53-57).

아버지의 뜻은 육신을 입고 오신 당신의 외아들 예수님께서 행하신 구원의 역사를 보고 믿는 자마다 영생을 얻게 하는 그것입니다. 그런데 하나님의 구원의 사역은 독생자 예수님의 살과 피로 이루어졌습니다. 예수님께서 육신(살, 몸)을 입고 오신 이유는, 당신의 몸에 안수(按手)의 형식으로 세례를 받으셔서 **"세상 죄를 지고 가는 하나님의 어린양"**이 되기 위함이었습니다. 주님께서는 우리의 모든 죄를 짊어지신 채로 십자가에 못 박혀서 대속(代贖)의 피를 흘리시고 **"다 이루었다"**(요 19:30)라고 크게 외치신 후에 돌아가셨습니다. 주님께서 받으신 세례와 십자가의 피를 다 믿어야 **"죄 사함으로 말미암는 구원"**(눅 1:77)을 받고 거듭나서 영생(永生)을 얻습니다. 주님께서는 **"내 살은 참된 양식이요 내 피는 참된 음료로다"** 하셨고 **"내 살을 먹고 내 피를 마시는 자는 영생을 가졌다"**라고 반복적으로 말씀하셨습니다.

주님의 살과 피, 이 두 가지를 다 먹고 마셔야 합니다. 그러나 대부분의 기독교인들은 주님의 살은 마다하고 피만 마시기 때문에, 평생 동안 예수님을 믿고서도 지옥에 갑니다. 주님의 피만 마신 결과, 그들의 마음에는 죄가 그대로 있습니다. 자기의 죄가 예수님께로 넘어간 증거의 말씀이 예수님께서 받으신 세례인데, 그것을 믿지 않기 때문에 그들의 마음에는 죄가 그저 있는 것입니다. 그들은 예수님 믿기 전에도 죄인이었는데 예수님을 믿고 나서도 여전히 죄가 있는 기독죄인(基督罪人)들입니다.

예수님께서 받으신 세례의 중요성

구약의 속죄 제사는 예수 그리스도께서 드리신 **"한 영원한 제사"**(히 10:12)의 그림자(예고편)입니다. 구약의 속죄 제사는 반드시 다음의 세 가지 조건이 충족되어야 했습니다: 1) **흠 없는 제물**, 2) **제물의 머리에 안수(按手)하여 죄를 넘김**, 3) **제물의 죽음(피)**. 이 뜻을 좇아 예수 그리스도의 몸을 단번에 드리심으로 우리가 거룩함을 얻었습니다. 즉 예수님은 성자(聖子) 하나님입니다. 하나님이 육신을 입고 오셨으니, 예수님은 전 인류의 죄를 담당하기에 합당한 **"흠 없는 제물"**입니다. 인류의 속죄를 위한 어린양으로 오신 예수님께서 30살이 되셨을 때에, 전 인류의 대표자인 세례 요한에게 안수(按手)의 형식으로 세례를 받으셨습니다.

세례 요한은 자기에게 나아오는 예수님이 성자 하나님인 줄을 깨닫고 순간적으로 두렵고 당황했습니다. 그래서 요한은 **"내가 당신에게 세례를 받아야 할 터인데 당신이 내게로 오시나이까"**하고 저어했습니다. 주님은 **"이제 허락하라 우리가 이와 같이 하여 모든 의를 이루는 것이 합당하니라"(마 3:15) 하고 요한에게 준엄하게 명령하셨습니다. **"이와 같이 하여"**라는 말씀은, 인류의 대표자인 요한이 안수의 방법으로 세상 죄를 예수님께 다 넘겨야만 이 세상에 **"모든 의가 이루어진다"**라는 뜻입니다. 예수님께서 받으신 세례는 공의한 방법으로 세상의 모든 죄를 예수님께 다 넘겨서 우리를 값 없이 구원해 주신 사역입니다. 그래서 예수님께서 세례를 받으신 이튿날에, 주님은 **"보라 세상 죄를 지고 가는 하나님의 어린양이로다"(요 1:29)**라는 증거를 받으셨습니다. 예수님께서 이천 년 전에 요단강에서 인류의 대표자인 세례 요한에게 안수의 형식으로 세례를 받으실 때에 저와 여러분의 모든 죄도 예수님의 몸에 다 넘어갔습니다. 이 진리를 믿는 것이 **"예수님의 살을 먹는 것"**입니다.

예수님께서 요단강에 임하셔서 인류의 대표자인 요한에게 받으신 세례를 사도 베드로는 **"물"**이라고 표현했습니다. 사도 베드로는 **"물은 예수 그리스도의 부활하심으로 말미암아 이제 너희를 구원하는 표니 곧 세례라"(벧전 3:21)**고 선포했습니다. 요단강 물에 오셔서 받으신 예수님의 세례가 **"물"**입니다. 베드로는 노아 시대의 홍수의 물을 언급하면서, 그 물이 이 세상의 모든 더러운 것들을 다 쓸어버리고 새로운 세상을 만들어 주었듯이, 예수님께서 세례 받으심으로 인류의 모든 죄가 예수님께로 다 넘어가서 세상은 깨끗하게 되었다고 선포한 것입니다. 물이 곧 예수님께서 받으신 세례입니다. 사도 요한도 **"이는 물과 피로 임하신 자니 곧 예수 그리스도시라"(요일 5:6)**고 선포했습니다. 주님께서 **"내 살을 먹고 내 피를 마시는 자는 영생을 얻는다"**라는 말씀과 같은 뜻입니다.

흠 없는 어린양이 되기 위해서 육신(몸)을 입고 오신 성자(聖子) 하나님께서는 안수의 형식으로 세례를 받으셔서 세상 죄를 단번에 짊어지셨습니다. 안수를 받은 희생양은 반드시 대속(代贖)의 피를 흘리고 죽어야 되었듯이, 세례를 받으신 예수님도 반드시 돌아가셔야만 했습니다. 예수님께서는 우리의 모든 죄를 속량하기 위해서 온몸이 상하고 찢기신 채로 십자가에 달리셔서 여섯 시간 동안 흘리신 보혈로 우리의 죗값을 다 지불하셨습니다. 주님은 마지막에 **"다 이루었다"(요 19:30)** 하고 크게 외치시고 돌아가셨습니다. 그 때 성전의 지성소(至聖所, the Most Holy Place) 앞에 드리워져 있던 휘장이 위에서부터 아래까지 온전히 둘로 찢어져서, 지성소로 들어가는 길이 활짝 열렸습니다. 예수님께서 육체로 임하셔서 받으신 세례와 십자가의 보혈로 완성하신 진리의 원형복음을 믿는 우리는 마음에 흰 눈같이 죄 사함을 받고 하나님 보좌 앞에 당당히 나아가게 되었습니다. **"그 길은 우리를 위하여 휘장 가운데로 열어 놓으신 새롭고 산 길이요 휘장은 곧 저의 육체니라"(히 10:20)**고 기록된 대로, 예수님께서 세례를 받으심으로 우리의 죄를 담당하시고 당신의 몸을 찢으심으로 이제 우리는 하나님 보좌 앞에 아무 두려움 없이 담대히 나아가게 되었습니다.

예수님께서는 세례를 받기 위해서 육체로 임하셨습니다. 만일 성자(聖子) 하나님께서 육체(살)로 임하지 않으셨다면 세례 요한이 어디에다가 세례를 베풀 수 있었겠습니까? 하나님께서 눈에 보이지 않는 영으로 오셨으면 인류의 대표자인 세례 요한인들 허공에다 세례를 베풀어서 어떻게 인류의 죄를 넘기겠습니까? 좀 더 정확히 말하자면 십자가의 피는 예수님께서 받으신 세례의 결과입니다. 예수님께서 세례를 받아 주셨기 때문에 주님께서는 반드시 돌아가셔야만 했고, 주님의 피가 우리의 구원을 완성하게 되었습니다.

물과 피로 임하신 예수 그리스도

"대저 하나님께로서 난 자마다 세상을 이기느니라 세상을 이긴 이김은 이것이니 우리의 믿음이니라 예수께서 하나님의 아들이심을 믿는 자가 아니면 세상을 이기는 자가 누구뇨

이는 물과 피로 임하신 자니 곧 예수 그리스도시라 물로만 아니요 물과 피로 임하셨고 증거하는 이는 성령이시니 성령은 진리니라 증거하는 이가 셋이니 성령과 물과 피라 또한 이 셋이 합하여 하나이니라 만일 우리가 사람들의 증거를 받을찐대 하나님의 증거는 더욱 크도다 하나님의 증거는 이것이니 그 아들에 관하여 증거하신 것이니라

하나님의 아들을 믿는 자는 자기 안에 증거가 있고 하나님을 믿지 아니하는 자는 하나님을 거짓말 하는 자로 만드나니 이는 하나님께서 그 아들에 관하여 증거하신 증거를 믿지 아니하였음이라"(요일 5:4-10).

사도 요한은 예수님께서 육체로 임하셨다고 선포했습니다. 예수님께서는 육체를 입고 인류의 역사 속으로 들어오셔서 **"물과 피의 사역"**으로, 즉 받으신 세례와 십자가의 피로 세상의 모든 죄를 없애 주셨습니다. 예수님은 물과 피로 임하신 분이라고 믿지 아니하면 아무도 거듭날 수 없으며, 사람이 거듭나지 않으면 결코 세상을 이기지 못합니다. 거듭난 의인들이라야 그 마음에 성령님이 임하셔서 성령님의 인도하심과 보호하심으로 세상을 이깁니다. 저도 세상의 눈길과 유혹, 그리고 제 욕망을 이길 수 없어서 늘 죄의 덫을 벗어나지 못했던 자였습니다. 그런데 **"물과 피로 임"**(요일 5:6)하신 예수님을 믿고 거듭난 후에는 내 안에 거하시는 성령님으로 인

해서 점차로 제 생각을 부인하며 세상의 유혹도 이길 수 있었습니다. 거듭난 자라야 세상을 이깁니다.

물과 피와 성령의 증거가 다 있어야 온전한 복음입니다

"증거하는 이가 셋이니 성령과 물과 피라 또한 이 셋이 합하여 하나이니라"(요일 5:8). 우리의 구원자는 예수 그리스도라고 증거하는 이가 성령과 물과 피, 이렇게 셋입니다.

"**성령님**"은 "**예수님은 성자(聖子) 하나님이다**"라고 증거합니다. 즉 **성령님**은 예수님을 전 인류를 죄에서 구원하시려고 흠 없는 제물로 오신 하나님의 아들, 즉 하나님이라고 증거합니다. "**물**"은 예수님께서 받으신 세례를 의미하는데, 흠 없는 제물로 오신 예수님께서 요단강 물에 오셔서 인류의 대표자인 세례 요한에게 안수(按手)의 형식으로 세례를 받으심으로 인류의 모든 죄를 담당(擔當)하셨다고 증거합니다. "**피**"는 예수님이 받으신 세례로 담당하신 죄를 짊어지고 십자가로 가셔서 "**다 이루었다**"라고 외치신 후 돌아가시기까지 피 흘려서 인류의 모든 죄를 온전히 대속(代贖)하셨다고 증거합니다.

이 세 가지 증거가 "**합하여 하나**"입니다. 이는 이 세 가지 증거를 다 가지고 있어야 **온전한 복음**이라는 뜻입니다. 이 세 증거 중에서 어느 하나라도 **빼면** "하나," 즉 온전한 복음이 아닙니다. 화로(火爐)의 다리는 세 개입니다. 세 다리가 균형을 잡고 있으면 가장 안정(安定)되어서 그것을 정족지세(鼎足之勢)라고 합니다. 만일 화로의 세 다리 중에서 하나를 잘라 버리면 화로는 바로 쓰러져서 큰 화재를 일으킵니다. 물을 **빼버린** 십자가의 피만의 복음은 쓰러진 화로와 같아서, 그런 사이비(似而非) 복음을 믿으면 지옥의 심판을 피할 수 없습니다. 그런데 오늘날 대부분의 기독교인들은 온전한 복음의 세 증거 중에서 **"물"의 증거**를 빼버리고 예수님을 믿습니다. 사단 마귀가 오랫동안 **"물"의 증거**를 빼버리도록 기독교 안에 작업을 해서 성공을 거두었습니다. 그 결과 기독교인 중에서 물의 증거를 빼버리고 피와 성령의 증거만 믿는 이들이 절대다수입니다. "내 살을 먹고 내 피를 마시는 자는 영생을 얻는다"라고 주님께서 말씀하셨는데, 그 뜻이 무엇인지도 모르는 소경 목사들이 가르쳐 주는 반쪽짜리의 복음을 믿어서는 결코 **"죄 사함으로 말미암는 구원"**(눅 1:77)을 받을 수 없습니다.

　성령의 증거, 물의 증거, 피의 증거―이 세 가지 증거를 다 가진 복음만이 진리의 원형복음(原形福音)입니다. 누구든지 진리의 원형복음을 믿으면 죄 사함을 받고 천국의 영생을 얻습니다. 주님께서 제자들에게 주신 복음은 **"물과 피와 성령의 복음"**입니다. 누구든지 마음에 죄가 있으면 천국에 들어가지 못합니다. 자기의 모든 죄가 예수님께로 넘어갔다는 **"물(세례)"의 증거**를 빼버린 복음, 즉 십자가의 피만으로 된 복음을 믿어서는 절대로 마음에서 죄가 없어지지 않습니다. 오늘날의 기독교인들이 기독죄인(基督罪人)으로 남아 있는 이유는, 그들이 예수님의 몸은 마다하고 피만 마시기 때문입니다. 자기 죄가 예수님께 넘어간 증거의 말씀이 없는데, 그들의 마음에서 어떻게 죄가 없어지겠습니까? **"우리가 이와 같이 하여 모든 의를 이루는 것이 합당하니라"**(마 3:15) 하신 주님의 명령대로 행해진 예수님의 세례의 능력을 믿을 때에만, 즉 우리가 주님의 몸을 먹을 때에만, 자기의 모든 죄가 예수님께 단번에 넘어가서 마음에 할례(割禮)가 일어납니다. 예수님의 세례로 내 마음의 죄가 뚝 끊어져서 예수님께로 넘어가는 것이 **"마음의 할례"**입니다. **"할례는 마음에 할찌니 신령에 있고 의문에 있지 아니한 것이라"**(롬 2:29)는 말씀이 그런 뜻입니다.

예수님과 합하여 세례를 받은 자란?

사도 바울은 "그리스도와 합하여 세례를 받은 자"라는 표현을 여러 번 썼습니다. 흠정역(欽定譯) 성경(King James Version)에는 이 부분이, "그리스도 안으로 세례를 받은 자"(who have been baptized into Christ)라고 번역되어 있습니다. 예수님의 세례를 믿는 자는 자기의 옛사람이 예수님 안으로 들어가서 예수님과 연합(聯合)되었기 때문에, 예수님의 죽으심이 자기 옛사람의 죽음이 되었습니다. 사도 바울은 **"누구든지 그리스도와 합하여 세례를 받은 자는 그리스도로 옷 입었느니라"**(갈 3:27)고 선포했습니다. 예수님의 세례와 십자가의 보혈을 믿는 자는 주님의 살을 먹고 주님의 피를 마심으로 예수님과 동일한 의(義)를 옷 입게 됩니다. 예수님의 살을 먹고 예수님의 피를 마실 때에, 우리의 마음에는 할례(割禮)가 일어납니다. 그 많던 죄가 복음 말씀의 칼로 쏙 베어져서 예수님께 완벽하게 넘어갔습니다. **"물은 예수 그리스도의 부활하심으로 말미암아 이제 너희를 구원하는 표니 곧 세례라"**(벧전 3:21) 하신 말씀대로, 예수님의 세례가 우리의 구원의 표(標)입니다.

주님의 살을 먹고 주님의 피를 마시지 아니하면 절대로 영생을 얻지 못합니다. 그런데 말입니다. "말씀이 아무리 그래도 나는 피만 마시겠다"라고 고집을 부리는 기독교인들이 절대다수이니, 참으로 답답하고 안타깝습니다. 기독죄인들은 제발 말씀에 귀를 기울여서 진리가 무엇인지를 분별하고 이제까지 세뇌(洗腦)되었던 모든 거짓 교리에서 벗어나야 합니다. 기독죄인(基督罪人)들이여! 스스로 자기의 마음을 한번 살펴보십시오. 당신의 마음에 죄가 있지 않습니까? 거듭나지 못한 이들의 마음에는 죄가 있는 것이 정상입니다. 예수님의 세례를 믿지 않고도 마음에 죄가 없다는 것은 거짓말입니다. 그것은 양심을 속이는 일입니다. 주님의 증거의 말씀으로 내 죄가 예수님께로 넘어간 확신이 없는데 어떻게 죄가 없겠습니까? 그래서 기독죄인(基督罪人)들은 날마다 눈물로 회개 기도를 드리는 것이 아닙니까?

사람이 잘못했다고 고백하며 실컷 울고 나면 보상심리(補償心理)로라도 뭔가 좀 해결된 것 같은 시원함을 느끼면서 마음에 위로를 받습니다. 그러나 "다시는 그런 죄를 짓지 않겠습니다"라는 다짐은 하루도 못 가서 깨어지고 다시 마음에는 죄가 쌓이게 되어 있습니다. 그렇게 죄를 짓고 나면 기독죄인들은 다시금 "주여! 용서하여 주시옵소서" 하고 구렁이 울음소리를 내며 회개 기도를 드립니다. 마음에 죄가 있는 사람은 절대로 천국에 들어가지 못합니다. 예수님의 살을 먹고 예수님의 피를 마시지 않으면 아무도 영생에 들어갈 수 없습니다. 육체로 임하신 예수님께서 받으신 세례의 능력을 믿지 않는 자는 절대로 마음에 할례(割禮)를 받지 못합니다. 그래서 마음에 죄가 그저 있는 기독죄인들은 외식적(外飾的)이고 가식적(假飾的)인 신앙생활을 할 수밖에 없습니다.

성찬(聖餐) 예식에 담긴 "살과 피의 원형복음"

"내 살을 먹고 내 피를 마시는 자는 영생을 얻는다"라는 원형복음(原形福音)을 영원히 기억하게 하시려고, 주님은 돌아가시기 전날 밤에 성찬(聖餐)의 예식을 세워 주셨습니다. 주님은 떡을 들어서 축사하신 후에, **"받아먹으라. 이것은 너희를 위해서 드리는 내 몸이니라"**라고 말씀하셨습니다. 또 포도주 잔을 들어서 축사하신 후에, **"받아 마시라. 이는 너희를 위하여 흘릴 내 언약의 피니라"**라고 말씀하셨습니다. 주님의 살(세례)과 피(십자가)를 다 믿어야 죄 사함을 받고 영생을 얻습니다. 주님께서는 제자들에게 성찬(聖餐)의 예식을 세워 주시고 당신께서 다시 오실 때까지 이 예식을 지키라고 명령하셨습니다.

기독죄인(基督罪人)들도 성찬식(聖餐式)을 거행합니다. 그런데 그들은 성찬 예식을 세우신 주님의 뜻은 모른 채로 예수님의 피만 믿습니다. 기독죄인들이여! 제발 베뢰아 사람들처럼 하나님의 말씀에 신사적으로 순복(順服)하십시오! 주님의 살을 먹고 주님의 피를 마시라는 명령은 제가 지어낸 말이 아니라 주님의 말씀이며 진리의 원형복음(原形福音)입니다. 예수님께서는 받으신 세례와 십자가의 피로 우리를 모든 죄에서 온전히 구원하셨습니다. 주님께서 사도들과 제자들에게 주셨던 원형 그대로의 복음은 **"물과 피의 복음"**입니다. 이 복음 외에 다른 복음은 없습니다. 이 복음 외에 다른 복음을 전하는 자는 저주를 받고 영원한 지옥 불에 들어갈 것입니다.

정직한 심령은 주님의 말씀 앞에서 자기의 생각을 부인하고 진리를 좇아 빛 가운데로 나옵니다. 여러분이 하나님의 말씀을 경외함으로 빛의 자녀가 되기를 간절히 기도합니다.
아멘!

내 살은 참된 양식이요
내 피는 참된 음료로다

(요 6:55)

생명의 말씀을 떠나지 말라

"이 말씀은 예수께서 가버나움 회당에서 가르치실 때에 하셨느니라 제자 중 여럿이 듣고 말하되 이 말씀은 어렵도다 누가 들을 수 있느냐 한대 예수께서 스스로 제자들이 이 말씀에 대하여 수군거리는 줄 아시고 가라사대 이 말이 너희에게 걸림이 되느냐 그러면 너희가 인자의 이전 있던 곳으로 올라가는 것을 볼것 같으면 어찌 하려느냐 살리는 것은 영이니 육은 무익하니라 내가 너희에게 이른 말이 영이요 생명이라 그러나 너희 중에 믿지 아니하는 자들이 있느니라 하시니 이는 예수께서 믿지 아니하는 자들이 누구며 자기를 팔 자가 누군지 처음부터 아심이러라

또 가라사대 이러므로 전에 너희에게 말하기를 내 아버지께서 오게 하여 주지 아니하시면 누구든지 내게 올 수 없다 하였노라 하시니라 이러므로 제자 중에 많이 물러가고 다시 그와 함께 다니지 아니하더라 예수께서 열 두 제자에게 이르시되 너희도 가려느냐

시몬 베드로가 대답하되 주여 영생의 말씀이 계시매 우리가 뉘게로 가오리이까 우리가 주는 하나님의 거룩하신 자신줄 믿고 알았삽나이다 예수께서 대답하시되 내가 너희 열 둘을 택하지 아니하였느냐 그러나 너희 중에 한 사람은 마귀니라 하시니 이 말씀은 가룟 시몬의 아들 유다를 가리키심이라 저는 열 둘 중의 하나로 예수를 팔 자러라"(요한복음 6:59-71).

"이 말씀은 예수께서 가버나움 회당에서 가르치실 때에 하셨느니라"(요 6:59). 이 구절에서 "이 말씀"이란, 예수님께서 보리떡 다

섯 개와 물고기 두 마리로 오천 명을 먹이신 놀라운 이적을 베푸신 후에 그 이적의 뜻을 설명해 주신 말씀을 의미합니다. 로마의 식민 치하에 있었던 이스라엘 백성들은 배불리 먹는 것이 소원이었습니다. 그런데 예수님께로 모여든 사람들은 배가 터지도록 먹고도 남은 음식이 열두 광주리에 가득했습니다. 그들은 예수님을 왕으로 삼으려고 했습니다. 그러나 예수님은 그 밤중에 제자들과 함께 배를 타고 가버나움으로 건너가셨습니다. 예수님께서는 가버나움의 회당에 들어가셔서 귀한 말씀을 들려주셨습니다: "내가 하늘로서 내려온 산 떡이다. 내 살을 먹고 내 피를 마시는 자는 영생을 얻는다. 그러나 내 살을 먹고 않고 내 피를 마시지 않는 자는 영생을 얻지 못한다." 이는 너무나 중요한 진리의 말씀입니다.

　"주님의 살을 먹으라"라는 말씀은 육신을 입고 이 땅에 오신 예수님께서 인류의 대표자인 세례 요한에게 안수(按手)의 형식으로 세례를 받으셔서 세상 죄를 담당하셨다는 진리를 믿으라는 명령입니다. 예수님은 받으신 세례로 세상 죄를 짊어지고 십자가로 가셔서, 십자가에 못 박혀서 여섯 시간 동안 절규하시면서 피를 흘리시고 마지막에 **"다 이루었다"**(요 19:30)라고 크게 외치시고 돌아가셨습니다. 그리고 셋째 날에 부활하셨습니다. **"내 피를 마셔라"**라는 말씀은, 받으신 세례로 세상 죄를 짊어지신 예수님께서 흘리신 피로 우리 죗값을 다 지불했다는 사실을 믿으라는 명령입니다. 누구든지 거듭나려면 **"물과 피로 임"**(요일 5:6)하신 예수님을 믿어야 합니다. 주님의 살을 먹고 주님의 피를 마셔야만 **"죄 사함으로 말미암는 구원"**(눅 1:77)을 받습니다.

　그런데 오늘날의 기독교인들은 예수님의 살은 전혀 먹으려 하지 않고 예수님의 피만 부지런히 마십니다. 그래서 그들은 기독죄인(基督罪人)으로 남아 있게 된 것입니다. 요한복음은 거듭남의 복음입니다. 거듭남이란, 죄인(罪人)이 진리의 복음을 믿음으로 죄사함을 받고 의인(義人)으로 변화되는 역사입니다. 따라서 기독죄인(基督罪人)들은 아직 거듭남의 은혜를 입지 못한 종교인에 불과합니다. 주님께서 심판장으로 오셔서 양과 염소를 나누듯이 의인과 죄인을 나누실 때에, 기독죄인들도 아예 예수님을 믿지 않았던 죄인들과 함께 심판을 받을 것입니다. 그들은 진리의 복음을 좇지 않고, 반쪽짜리 복음을 믿었으면서도, **"주여 우리가 어느 때에 주의 주리신 것이나 목마르신 것이나 나그네 되신 것이나 벗으신 것이나 병드신 것이나 옥에 갇히신 것을 보고 공양치 아니하더이까"**(마 25:44) 하고 자기의 의를 내세울 것입니다.

"사람이 물과 성령으로 나지 아니하면 하나님 나라에 들어갈 수 없느니라"(요 3:5)는 말씀에서 **"물"**은 예수님께서 받으신 세례를 의미합니다. 예수님께서 받으신 세례 안에는 하나님의 구원 사역이 모두 함축(含蓄)되어 있습니다. 예수님께서 안수(按手)의 형식으로 세례를 받으실 때에 세상 죄를 담당하셨고, 물에 잠기신 것은 장차 십자가에서 돌아가실 것을, 그리고 물에서 다시 올라오신 것은 장차 부활하실 것을 계시합니다. 그런데 오늘날의 기독교인들은 주님의 살은 먹지 않고 주님의 피만 마십니다. 그들은 예수님께서 받으신 세례의 능력을 믿지 않습니다. 그 결과, 그들은 마음에 죄가 그대로 남아 있는 기독죄인(基督罪人)들이 될 수밖에 없습니다.

자기 생각을 버리지 않으면 말씀이 어렵습니다

 "내 살을 먹고 내 피를 마시는 자라야 영생을 얻는다"라는 예수님의 말씀을 듣고서 많은 제자들이 "말씀이 어려워서 못 믿겠다" 하며 주님을 떠나갔습니다. 저는 누가 나를 이단이라고 비방할지라도 주님께서 가버나움의 회당에서 전하신 **"이 말씀"**을 그대로 믿고 전합니다. 그런데 반쪽짜리 복음에 익숙한 기독죄인들에게는 죄가 흰 눈처럼 사라지는 진리의 원형복음이 낯설고 어렵게만 느껴지는가 봅니다. 그래서 그들은 **"이 말씀"**을 한두 번 들어보고는 자기가 믿는 바와는 다르다고 떠나갑니다. 베뢰아 사람들처럼 **"이 말씀"**이 성경과 부합(符合)하는지를 숙고해 보지도 않고, 한두 번 들어보고는 "말씀이 어렵고 생소하다. 우리 교회 목사님이 전하는 말씀과 다르다. 우리 목사님은 십자가의 피만 말씀하는데, 예수님께서 받으신 세례가 뭐 그리 중요하겠나!" 하며 떠나갑니다.

 예수님께서 잡히시던 날 밤에 제자들과 함께 유월절 만찬을 나누셨습니다. 그때에 주님께서는 제자들의 발을 씻겨 주시고 성찬(聖餐)의 예식을 세워 주시며 당신께서 다시 오실 때까지 그 예식을 준행하라고 부탁하셨습니다. 주님은 떡을 들어서 축사하시고 나눠 주시면서 **"받아 먹으라 이것은 내 몸이니라"** 하셨고 또 포도주 잔을 들어서 사례하시고 **"받아 마시라 이것은 너희를 위하여 흘리는 내 언약의 피니라"**라고 말씀하셨습니다. 우리는 주님의 살(몸)과 피를 다 믿어야만 의인으로 거듭나는 역사를 맛보게 됩니다. **"내 살을 먹고 내 피를 마시는 자는 영생을 얻는다"**라는 말씀은 결코 어려운 말씀이 아닙니다. 그런데 대부분의 사람들은 **물과 피의 원형복음**을 듣고는 "이 말씀은 낯설고 어렵도다" 하며 떠나갑니다. "우리는 지옥에 가야 할 죄인이었는데, 예수님께서 받으신 세례로 그 모든 죄를 짊어지시고 당신의 보혈로 갚아 주셨기 때문에 우리에게는 죄가 없다"라는 말씀이 뭐가 어렵습니까? "우리는 지옥에 가야 할 죄인이었는데 예수님이 우리 죄를 위하여 십자가에서 피 흘려 돌아가셨지만, 우리는 여전히 죄가 있다"라는 말이 더 어렵지 않습니까? 무엇이 더 어렵습니까? 1-1=0이라는 사실이 어렵습니까? 1-1=1이라는 말은 억지이며 이해할 수도 없는 거짓말이 아닙니까?

기독죄인(基督罪人)들에게 **"이 말씀"**이 어려운 이유가 있습니다. 첫째로, 그들은 육신적이기 때문입니다. 당시에 예수님을 따라다녔던 사람들도 육신의 욕망만 좇았습니다. 그들은 배불리 먹고자 하는 욕망뿐이었고 영혼의 구원이나 영생에는 관심이 없었습니다. 그러니 주님께서 이적을 베푸신 뜻을 설명하시자 하품을 하며 졸다가 그런 말씀에는 관심이 없다며 주님을 떠나갔습니다. 주님은 **"살리는 것은 영이니 육은 무익하니라 내가 너희에게 이른 말이 영이요 생명이라"(요 6:63)**고 말씀하시는데, 듣는 이들은 육신적인 욕망에만 젖어 있었으니 주님께서 하시는 말씀을 이해할 수 없었습니다. 오늘날도 대부분의 기독교인들은 육신적 축복을 받기 위해서 예수님의 이름을 부릅니다. 한동안 소위 "삼박자(三拍子) 축복과 오중(五重)복음"이라는 교설(巧說)이 기독교계를 사로잡았습니다. "예수님을 믿으면 영혼의 축복뿐 아니라 건강의 축복, 자녀의 축복, 물질의 축복, 사업의 축복 등 육신적인 축복을 넘치게 받는다"라는 설교가 인기를 끌었습니다. 이 땅의 축복만 추구하는 육신적인 사람들에게는 영의 말씀이 어렵고, 관심도 없으며 받아들이기 싫습니다.

"이 말씀"이 어려운 둘째 이유는 기독교인들의 고정관념(固定觀念)입니다. 그들의 고정관념이 영적인 축복을 얻는데 있어서 큰 걸림돌입니다. 그들은 지금까지 신앙생활을 해 오면서 오직 십자가의 피만의 복음을 믿었습니다. 반쪽짜리 복음이 신앙의 고정관념으로 굳게 서 있기에 그것은 그들에게 절대로 부인할 수 없는 신념(信念)이 되었습니다. 고정관념은 쉽게 바뀌지 않습니다. 갈릴레오 시대를 생각해 보세요. 그 당시의 모든 사람들은 지구는 평평하며 태양이 지구를 중심으로 움직인다"라는 천동설(天動說)을 굳게 믿었습니다. 사람들이 전부 천동설(天動說)의 고정관념에 사로잡혀 있을 때에 코페르니쿠스나 갈릴레오 같은 극소수의 과학자들이 과학적 증거를 바탕으로 "지구는 둥글며 지구가 태양 주위를 돈다"라는 지동설(地動說)을 주장했습니다. 천동설(天動說)이라는 고정관념에 사로잡혀 있었던 당시의 사람들이 지동설(地動說)을 쉽게 믿을 수 있었겠어요? 그래서 갈릴레오는 화형을 당할 뻔했습니다. 그러나 절대다수의 사람들이 지지하고 옹호한다고 거짓이 진리가 되는 것은 아닙니다. 진리는 진리이기 때문에 진리입니다.

지금 모든 기독교인들은 예수님의 피만 믿습니다. 그 결과 기독교인들의 마음에는 죄가 고스란히 남아 있습니다. 그들은 자기들이 믿는 반쪽짜리 복음이 진리이며 "예수님을 믿어도 마음에 죄가 있는 것이 정상"이라는 고정관념에 절어 있습니다. 그러나 천만의 말씀입니다. **"죄의 삯은 사망"(롬 6:23)**이라고 기록되어 있으니, 죄가 있으면 지옥에 갑니다. 마음에 죄가 그대로 있으면 그것은 자기가 거듭나지 못했다는 증거입니다. 거듭난다는 것은 지옥에 가야 할 죄인(罪人)이 주님의 진리의 복음을 믿음으로 흰 눈같이 죄 사함을 받고 의인(義人)이 되는 역사입니다. 기독죄인들은 지옥에 갑니다.

그런데도 그들은 절대다수가 그렇게 믿기 때문에 죄가 있는 것이 정상이라는 고정관념에 젖어 있어서 전혀 진리의 말씀을 듣고자 하지 않습니다.

기독죄인(基督罪人)들은 그러한 고정관념을 벗어버려야 합니다. 고정관념을 어떻게 벗어버릴 수 있을까요? 말씀이 정말 그러한가 상고(詳考)해 봐야 합니다. 베뢰아 사람들(Bereans)은 데살로니가 사람들보다 신사적이어서 날마다 말씀을 듣고 그 말씀이 진정 그러한가 상고함으로 그 가운데 믿는 자들이 많았습니다. 하나님의 말씀이 그렇다고 하면 비록 세상의 기독교인들이 모두 달리 믿을지라도 자기의 잘못된 고정관념을 과감하게 내어버리고 하나님의 말씀을 따라가는 것이 하나님께서 기뻐하시는 신사적인 믿음입니다.

영생의 말씀인 물과 피의 복음

많은 이들이 예수님을 떠나가자, 예수님께서 **"너희도 가려느냐"** 하고 제자들에게 물으셨습니다. 용감한 베드로가 먼저 나서서 **"주여 영생의 말씀이 계시매 우리가 뉘게로 가오리이까"**(요 6:68) 하고 대답했습니다. 하나님의 자녀들은 영생의 말씀을 떠나지 않습니다. **"물과 피의 복음"**을 듣고 믿어서 죄 사함을 받고 거듭났다고, 나는 이제 배울 것을 다 배웠다고 생각하며 하나님의 교회를 떠나가도 되는 줄 압니까? 거듭난 후에는 교회로부터 더 이상 말씀을 배우고 순종할 일이 없는 줄 압니까? 진리의 복음을 믿고 거듭난 것은 이제 영적으로 갓 태어난 셈입니다. 갓난아기들은 돌보아 주지 않으면 그냥 죽듯이, 영적인 영아(嬰兒)들도 하나님의 교회의 품에서 보호와 양육을 받아야만 믿음의 사람으로 자라날 수 있습니다. 하나님의 은혜로 값없이 거듭난 후부터 의인들은 어떠한 삶을 살아야 할 것인가에 대해서 훈육과 책망을 받아야 합니다. 그래야 영적인 철이 들고 장성한 믿음의 사람으로 자라나서 주님의 일꾼이 됩니다. 저는 진리의 원형복음을 기쁨으로 받아서 거듭난 후에 자기가 다 된 줄로 착각하고 교회를 떠나가서 영적으로 사망에 이른 사람들을 무수히 보았습니다.

물과 피의 복음을 믿어서 죄 사함 받고 거듭났다고 곧바로 그리고 저절로 영적으로 장성한 자가 되는 것이 아닙니다. 갓 거듭난 후가 매우 중요합니다. 거듭난 후에는 영적으로 자라나야 되는데, 그 과정에서 어린 의인들은 마음을 강퍅하게 하지 말아야 됩니다. 의인들은 하나님의 빛 된 말씀이 자기의 어두움을 책망하면 듣기 싫어도 자기의 생각을 부인하고 말씀 앞에서 자기의 마음을 꺾어야 합니다. 그렇지 못하면 겨우 얻은 구원의 은총을 잃어버리고 다시 사망의 나락에 떨어집니다. 진리의 복음 말씀을 듣고 기뻐하며 믿었는데, 세상의 염려와 재리의 걱정이 그 마음을 덮어서 의의 결실을 맺지 못하는 사람도 많습니다. 거듭난 후에 장성한 믿음의 사람으로 자라나기 위해서는 하나님의 교회의 인도를 받고 먼저 거듭난 선배들의 영적인 책망을 달게 받아야 합니다. 그렇지 않고서는 믿음의 장성한 일꾼으로 빚어지지 않습니다.

아직까지 저는 저희 교회의 일부 성도들에게는 책망을 별로 하지 않습니다. 그들은 영적으로 너무 어리기 때문입니다. 그러나 그들도 좀 더 자라나면 훈계와 책망을 많이 듣게 될 것입니다. 그래서 그들도 영적으로 철이 들고 자라나서 장차 믿음의 동역자들로 굳건히 서게 될 것입니다. 생명의 말씀이 어렵고 싫으면 거듭나지도 못합니다. 거듭난 의인들이라도 훈계의 말씀을 싫어하고 거역하면 얻었던 생명도 잃어버립니다.

생명의 말씀 앞에서 자기의 생각을 부인해야

"오늘날 너희가 그의 음성을 듣거든 노하심을 격동할 때와 같이 너희 마음을 강퍅케 하지 말라"(히 3:15)고 말씀하셨습니다. 저는 여러분들에게 영생의 말씀을 절대로 떠나가지 말라고 권면합니다. 하나님의 말씀이 들려오거든 자기 생각을 우지끈 꺾어 버리고 그 말씀을 붙들고 좇아가는 것이 참된 믿음입니다. 하나님께서 아브라함에게 "**너는 너의 본토 친척 아비 집을 떠나 내가 네게 지시할 땅으로 가라**"(창 12:1) 하고 말씀하시자 그는 모든 것을 버리고 약속의 말씀을 따라갔습니다. 하나님 말씀을 좇아가는 것이 믿음입니다. 주님께서 우리를 영생의 말씀으로 부르실 때에, 우리는 자기 생각을 부인하고 말씀을 좇아가야 합니다. 빛 된 말씀이 나의 어두움을 드러내면 마음이 쓰라립니다. 그렇지만 하나님의 말씀이 자기의 어두움을 책망하거든 자기의 악함을 솔직하게 인정하고 말씀을 따라가야 합니다. 책망을 받는 것마다 빛으로 드러나기 때문입니다.

"**친구의 통책은 충성에서 말미암은 것이나 원수의 자주 입맞춤은 거짓에서 난 것이니라**"(잠 27:6). 여러분, 영적인 친구들과 믿음의 선배들이 여러분들을 아프게 책망할 때 그들의 교제나 권면을 귀하게 받아들여야 합니다. 그들은 여러분을 진정으로 사랑하기 때문에 아프게 책망하는 것입니다. 누구든지 다른 이에게 쓴소리나 아픈 소리를 하기는 싫습니다. 그래도 때를 따라 아프게 책망하는 것은 진정으로 사랑하기 때문입니다. 그러나 아첨하고 칭찬만 하는 것은 병든 영혼을 망하게 합니다. 저는 페이스북(Facebook)에서 서로 입에 발린 칭찬만 하는 풍조를 보면서, 통책(痛責)을 하고 싶은 심정이 들 때가 많습니다. 죄 사함도 받지 못한 기독죄인들이 마치 자기들은 영적으로 성숙한 자인 줄로 착각하고 온갖 미사여구(美辭麗句)로 자기의 믿음을 과시하면, 페이스북(Facebook) 친구들은 달콤한 말로 서로 칭찬을 합니다. 그런 분들에게 "죄의 삯은 사망입니다. 기독죄인들이여, 당신들은 지옥에 갑니다!"하고 말해 주고 싶습니다. "너희 죄가 호리(毫釐)만큼만 있어도 결단코 거기서 나오지 못하리라"라고 주님은 말씀하셨습니다.

그런데 사단 마귀의 종들은 "죄가 있어도 괜찮다. 회개 기도하면 된다"라고 아첨하는 말로 속삭입니다. 사단 마귀는 우리의 원수인데, 원수는 그렇게 아첨하면서 입맞춤을 합니다. 사단 마귀의 종들은 "집사님은 하나님의 종들을 잘 섬기고 교회 출석도 잘하고 전도와 봉사활동도 많이 하고 헌금도 많이 하니 복을 받을 것입니다"하고 아첨과 칭찬을 아끼지 않습니다. 그러나 우리의 벗이 되어 주신 주님께서는 생명의 말씀으로 우리를 통책(痛責)하십니다. 뼈아픈 책망은 진리의 사랑에서 나오는 것입니다. 주님의 아픈 책망은 벗으로 삼아 주신 의인들이 생명을 얻고 더 얻어 풍성하게 하려는 것입니다.

거듭난 의인들은 교회와 하나님의 종들의 통책(痛責)을 기쁜 마음으로 달게 받아야 합니다. 여러분들이 거듭났다 할지라도 믿음의 장성한 자가 되려거든 친구의 통책(痛責)을 달게 받아야 합니다. 그것이 지혜로운 자이고 믿음의 사람입니다.

당신의 배에서는 성령의 강이 흐르고 있습니까?

"명절 끝날 곧 큰날에 예수께서 서서 외쳐 가라사대 누구든지 목마르거든 내게로 와서 마시라 나를 믿는 자는 성경에 이름과 같이 그 배에서 생수의 강이 흘러나리라 하시니 이는 그를 믿는 자의 받을 성령을 가리켜 말씀하신 것이라 (예수께서 아직 영광을 받지 못하신 고로 성령이 아직 저희에게 계시지 아니하시더라)

이 말씀을 들은 무리 중에서 혹은 이가 참으로 그 선지자라 하며 혹은 그리스도라 하며 어떤이들은 그리스도가 어찌 갈릴리에서 나오겠느냐 성경에 이르기를 그리스도는 다윗의 씨로 또 다윗의 살던 촌 베들레헴에서 나오리라 하지 아니하였느냐 하며 예수를 인하여 무리 중에서 쟁론이 되니 그 중에는 그를 잡고자 하는 자들도 있으나 손을 대는 자가 없었더라

하속들이 대제사장들과 바리새인들에게로 오니 저희가 묻되 어찌하여 잡아오지 아니하였느냐 하속들이 대답하되 그 사람의 말하는 것처럼 말한 사람은 이때까지 없었나이다 하니 바리새인들이 대답하되 너희도 미혹되었느냐 당국자들이나 바리새인 중에 그를 믿는 이가 있느냐 율법을 알지 못하는 이 무리는 저주를 받은 자로다 그 중에 한 사람 곧 전에 예수께 왔던 니고데모가 저희에게 말하되 우리 율법은 사람의 말을 듣고 그 행한 것을 알기 전에 판결하느냐 저희가 대답하여 가로되 너도 갈릴리에서 왔느냐 상고하여 보라 갈릴리에서는 선지자가 나지 못하느니라 하였더라"(요한복음 7:37-52).

예수님께서는 유월절을 맞아 예루살렘에 올라가셨습니다. 무교절의 끝날에 주님은, **"누구든지 목마르거든 내게로 와서 마시라 나를 믿는 자는 성경에 이름과 같이 그 배에서 생수의 강이 흘러나리라"**라고 외치셨습니다. 주님께서 말씀하신 **"생수의 강"**은 주님께서 완성하신 진리의 복음을 믿고 거듭난 자가 받을 성령님의 역사를 지칭(指稱)합니다. 하나님의 아들인 예수님께서 **"물과 피로 임"(요일 5:6)**하셔서 인류의 모든 죄와 허물을 완벽하게 없애 주셨다는 진리의 원형복음을 믿는 자는 죄 사함을 받고 의인으로 거듭납니다. 또한 하나님께서는 거듭난 의인들에게 성령님을 선물로 주셔서 남은 생애에 믿음을 지키며 의의 길을 가도록 인도하십니다. 의인들의 마음에 좌정(坐定)하신 성령님은 하나님의 자녀들의 마음에 충만하게 역사하시고, 또 그들에게로부터 흘러나와서 주변의 다른 이들도 하나님의 은혜를 입게 하십니다.

예수님께서 **"누구든지 목마르거든 내게로 와서 마시라"**라고 하신 말씀은, 주님께서 하나님의 은혜를 간절히 구하는 심령들에게 **"생명의 물"**을 주시겠다는 뜻입니다. 예수님은 사마리아 여인에게도 **"내가 주는 물을 마시는 자는 그 배에서 영원토록 솟아나는 샘물이 되리라"**라고 말씀하셨는데, 주님께서 목마른 자들에게 주시고자 하는 구원의 복음이 **"생명의 물"**입니다.

광의(廣義)로 해석하면, **"물"**은 하나님의 말씀을 의미합니다. 창조의 둘째 날에, 하나님께서는 하늘에 궁창을 만드시고 천하의 물을 **"궁창 위의 물"**과 **"궁창 아래의 물"**로 나누셨습니다. 인간(땅)의 생각이 섞이지 않은 순수한 하나님의 말씀이 **"궁창 위의 물"**입니다. 궁창 아랫물은 **"궁창 위의 물"**이 땅에 스며들었다가 나오는 것이므로 그 물에는 땅의 성분이 녹아 있습니다. 인간의 욕망이나 편견들이 녹아 있는 교훈은 순수한 하나님의 말씀이 아닙니다. 바리새인의 누룩이나 사두개인의 누룩이 섞이지 않은 순수한 하나님의 말씀만이 죄인을 거듭나게 하고, 그 물로만 성령의 충만함을 입어 그 배에서 성령의 강수가 풍성하게 흘러나가게 합니다. "너희 목마른 자들아 물로 나아오라 돈 없는 자도 오라 너희는 와서 사 먹되 돈 없이, 값 없이 와서 포도주와 젖을 사라"(사 55:1)고 말씀하신 부분에서도 "물"은 하나님의 말씀 전체를 지칭합니다.

물은 진리의 원형복음입니다

그런데 더 구체적으로, 즉 협의(狹義)로 해석하면, 주님께서 주시는 **"생명의 물"**은 진리의 **원형복음(原形福音)**을 의미합니다. 한약방에서 쓰는 환약(丸藥)이라는 말을 들어보셨습니까? 가마솥에 필요한 약 재료를 잔뜩 넣고 오랫동안 고아서 얻은 진득한 엑기스로 먹기 좋게 환(丸)을 지은 것이 환약(丸藥)입니다. 한 알의 환약에는 모든 약재(藥材)의 성분이 다 함유(含有)되어 있습니다. 이처럼 **"궁창 위의 물"**인 하나님의 말씀을 요약하고 또 함축(含蓄)한 것이 복음(福音)입니다. 복음에는 하나님의 의(義)가 충만합니다. 유일한 진리의 복음은 **"물과 피와 성령이 합하여 하나인 복음"**(요일 5:8)입니다. 예수님은 하나님의 아들인데 "흠 없는 제물"이 되기 위하여 육신을 입고 이 땅에 오셨습니다. 주님은 요단강에서 인류의 대표자인 세례 요한에게 안수(按手)의 형식으로 세례를 받으심으로 인류의 죄를 단번에 담당하셔서 **"세상 죄를 지고 가는 하나님의 어린양"**(요 1:29)이 되셨습니다. 받으신 세례로 인류의 죄를 짊어지신 예수님은 십자가에 못 박혀서 **"다 이루었다"**(요

19:30)라고 외치신 후 돌아가시기까지 당신의 피로써 우리의 죄를 완벽하게 대속(代贖)해 주셨습니다. 이 진리가 바로 **"물과 피의 복음"**이고 주님께서 제자들에게 주신 **원형(原形)의 복음**입니다.

그런데 오늘날의 기독교인들은 예수님께서 받으신 세례의 능력을 모른 채로 십자가의 피만 믿습니다. 그들은 자기의 모든 죄와 허물이 예수님께로 넘어간 증거의 말씀이 없이 예수님의 피만 믿기 때문에, 그들의 마음에는 죄가 그대로 남아 있습니다. 그 결과 그들은 "예수님을 믿는 죄인들," 즉 기독죄인(基督罪人)들이 되었습니다. 기독죄인들은 자기들의 마음에 죄가 있는 것이 정상이라고 믿습니다. 그러나 예수님을 믿든지 믿지 않든지에 관계없이, 죄인(罪人)은 지옥에 갑니다. **"죄의 삯은 사망"**(롬 6:23)이기 때문입니다. 자기 마음속의 죄 때문에 지옥에 갈 것이 두려운 자들은 이제 "생명의 물"을 주시는 예수님께 나아와서 주님께서 자기의 죄를 어떻게 완벽하게 없애 주셨는지를 듣고 믿어서 흰 눈처럼 죄 사함을 받아야 합니다.

성령을 어떻게 받는지도 모르는 기독교인들

또한 기독죄인(基督罪人)들은 성령을 어떻게 받는지, 또 성령의 충만(充滿)함을 어떻게 받는지에 대해서 모릅니다. 그래서 그들은 엉뚱한 소리를 합니다. "내가 어떤 신령한 목사님에게 가서 안수를 받았는데, 그때 내 마음에 불같이 뜨거운 것이 들어오더니 뒤로 벌렁 넘어졌습니다. 그 순간 몸에 큰 진동이 일어나더니 방언이 터져서 몇 시간 동안 방언으로 하나님을 찬양하고 나서 일어났는데, 그때부터 내 마음에 성령이 충만하고 이렇게 뜨겁게 주님을 찬양하게 되었습니다." 여러분도 이와 유사한 간증을 많이 들어보셨을 것입니다. 그러나 성령은 그렇게 받는 것이 아닙니다. 그것은 귀신이 들린 것입니다.

　주님께서 부활 승천하신 후, 첫 오순절에 사도들과 제자들은 "성령을 부어 주시겠다"던 주님의 약속을 기다리며 간절히 기도하던 중에 성령의 충만함을 입었습니다. 그들은 주님의 진리의 복음으로 이미 거룩함을 입은 의인들이었습니다. 그들은 성령의 충만함을 입고 뛰어나가서, 각기 다른 방언(方言)으로 **"하나님의 큰 일 행함"**(행 2:11), 즉 복음을 외쳤습니다. 당시에 유대인의 명절을 맞아 지중해 연안에 흩어져 살던 유대인들이 예루살렘에 모였었는데, 그들은 각기 자기들이 살고 있는 지역의 언어로 구원의 복음을 들었습니다. 그때에 사도 베드로가 나서서 "당신들이 십자가에 못 박아 죽인 예수가 그리스도다"라고 선포합니다. 베드로의 설교를 들은 그들은 마음이 찔려서, 사도들을 붙잡고 **"형제여 우리가 어찌 할꼬?"** 하고 간청했습니다. 그때에 베드로가 **"너희가 회개하여 각각 예수 그리스도의 이름으로 세례를 받고 죄 사함을 얻으라 그리하면 성령을 선물로 받으리니 이 약속은 너희와 너희 자녀와 모든 먼데 사람 곧 주 우리 하나님이 얼마든지 부르시는 자들에게 하신 것이라"**(행 2:38-39)고 선포했습니다.

　성령님은 거룩한 하나님입니다. 성령님은 죄와 함께 거하실 수 없습니다. 성령님은 예수 그리스도의 이름을 믿어서 마음의 모든 죄가 흰 눈같이 깨끗하게 씻어진 의인들의 마음에만 임하십니다. **"죄 사함을 얻으라 그리하면 성령을 선물로 받으리니"**라신 말씀을 주목하십시오. 죄 사함 받은 사람만이 성령님을 선물로 받습니다. 진리의 원형복음을 믿음으로 하나님께로부터 죄 사함을 받는 순간에, 성령님께서 의인의 마음에 들어오셔서 "너는 내 것! 너는 하나님 것!" 하고 인(印)을 치시고 좌정(坐定)하십니다. 전능하신 하나님인 성령님께서 우리 마음 안에 계시면 사단 마귀가 우리를 만지지도 못합니다(요일 5:18).

예수님은 하나님의 아들인데 물과 피로 임하셔서, 즉 받으신 세례와 십자가 피로 여러분의 모든 죄를 깨끗이 없애 주셨습니다. 여러분은 진리의 원형복음인 **"물과 피의 복음"**을 믿습니까? 그러면 이제 여러분 마음에 죄가 있습니까, 없습니까? 없습니다. 여러분의 마음이 흰 눈같이 깨끗이 죄 사함을 받았습니까? 만일 여러분이 믿음으로 "예"라고 시인했다면, 여러분의 거룩해진 마음에는 성령님이 들어오셔서 좌정(坐定)하셨습니다.

마음에 죄가 있는 기독죄인(基督罪人)들에게 "당신의 마음에는 죄가 있습니까, 없습니까?" 하고 물으면, "죄야 당연히 있지요"라고 대답합니다. 그런 죄인들이 방언을 한다면서 성령을 받았다고 요란을 떠는 것은 거짓된 쇼(show)입니다. 진리의 복음을 믿어서 거듭난 우리는 흰 눈같이 깨끗하게 죄 사함을 받았습니다. 그리고 성령님을 선물로 받았습니다. "내가 어떤 신령한 목사에게 안수를 받고 성령을 받았다"느니, "내가 40일 금식을 하면서 산에서 기도를 드리는 중에 부활하신 주님을 환상으로 만났고 그때에 불 같은 성령을 받았다"느니 하는 거짓말에 속지 마십시오. 그런 짓들은 사단 마귀의 역사입니다. 거듭난 의인들만 성령님을 선물로 받습니다.

주님은 **"누구든지 목마르거든 내게로 와서 마시라 나를 믿는 자는 성경에 이름과 같이 그 배에서 생수의 강이 흘러나리라"**라고 말씀하셨습니다. 하나님의 의(義)에 주리고 목마른 자는 진리의 **원형복음(原形福音)**을 믿고 거듭나야 합니다. 믿음이란 하나님의 말씀을 확인하고 확신하는 것입니다. 하나님 아버지께서는 우리를 **"이처럼 사랑하사"** 당신의 독생자인 예수님을 아낌없이 우리의 대속(代贖) 제물로 내어 주셨습니다. 흠 없는 제물로 오신 그리스도 예수님께서는 인류의 대표자인 세례 요한에게 안수(按手)의 형식으로 세례를 받으셔서 세상의 모든 죄와 허물을 온전히 짊어지셨습니다. 이렇게 받으신 세례로 **"세상 죄를 지고 가는 하나님의 어린 양"**(요 1:29)이 되신 예수님은 십자가에 못 박혀서 여섯 시간 동안 절규하시며 피를 흘리시고 **"다 이루었다"**(요 19:30)라고 크게 외치신 후에 돌아가셨습니다.

말씀을 순종하는 자에게 충만한 성령님

"누구든지 목마르거든 내게로 와서 마시라 나를 믿는 자는 성경에 이름과 같이 그 배에서 생수의 강이 흘러나리라"라고 말씀하신 부분에서, "나를 믿는 자"란 어떤 사람을 지칭하는 말씀일까요? 예수님은 "말씀이 육신이 되어 우리 가운데 거(居)"(요 1:14)하신 분입니다. 따라서 "나를 믿는 자"란 성경의 모든 말씀을 온전히 믿는 사람을 지칭합니다. 하나님의 말씀을 둘로 나누자면, **구원의 복음 말씀**과 구원을 받은 **의인들의 합당한 삶에 대한 말씀**으로 나눌 수 있습니다. 하나님을 믿고자 하는 사람은 먼저 진리의 복음을 믿어서 죄 사함을 받아야 합니다. 그러면 거듭나서 하나님의 자녀가 되고 성령님을 선물로 받습니다. 그런데 거듭나서 성령님을 선물로 받았다고 해서 그 사람의 배에서 생수의 강이 저절로 흐르는 것은 아닙니다. 믿는 자의 마음에서 생수의 강이 흐르는 은혜는 성령의 충만함에 관한 말씀인데, 죄 사함을 받고 나서 하나님의 모든 말씀들을 믿고 따라가지 않으면 성령의 충만함을 누리지 못합니다. 죄 사함을 받고서 여전히 자기의 욕망만 좇고 하나님의 나라와 그의 의를 구하지 않으면, 내주(內住)하시는 성령께서 탄식하십니다. "나는 네 안에서 충만하게 일하기를 바라는데, 너는 육신의 욕망과 자기의 계획만 좇고 있구나!" 하고 성령님께서 탄식하십니다.

저는 제 안에 성령님께서 충만할 때가 언제인가 생각해 봅니다. 그것은 제가 **"너희는 먼저 그의 나라와 그의 의를 구하라 그리하면 이 모든 것을 너희에게 더하시리라"**(마 6:33)는 약속의 말씀을 믿고 주님의 일에 먼저 나 자신을 드릴 때입니다. 제가 하나님의 뜻을 믿음으로 순종할 때에 성령님께서 제게 충만한 기쁨과 평안을 주시는 것을 느낍니다. 그런 때에는 제 육신의 상태나 저를 둘러싸고 있는 환경이나 형편이 별로 문제가 되지 않습니다. 누가 저를 비방하고 공격해도, 여러 가지 어려움과 걱정거리들이 덮어 와도 제 배에서 생수의 강이 흐르게 됩니다.

초대교회의 집사 스데반은 **"성령이 충만하여"**(행 7:55) 하나님의 말씀을 담대하게 증거하다가 돌에 맞아 순교를 당했습니다. 스데반은 돌에 맞아 죽어 가면서도 **"주 예수여 내 영혼을 받으시옵소서"** 또 **"주여 이 죄를 저들에게 돌리지 마옵소서"**(행 7:59-60) 하고 기도했습니다. 사망의 고통 가운데서도 스데반의 마음은 성령으로 충만했습니다. 많은 사람들이 던지는 돌로 인해서 그의 몸은 만신창이로 터지는데도 그의 얼굴은 천사와 같이 빛났습니다. 돌로 치는 사람들의 겉옷을 맡아서 지키던 청년 사울은 스데반의 순교를 목격하고 충격을 받았을 것입니다. 스데반의 배에서 흘러나온 생수(성령)의 강물이 사울의 마음에 큰 파문을 일으켰을 것입니다. "저 사람이 믿는 예수가 도대체 누구길래 저렇게 의연한 죽음을 맞을 수 있는 것일까? 더구나 그는 자기에게 돌을 던지는 자들을 위하여 기도하지 않는가?" 스데반의 배에서 흘러나간 생수의 역사가 후에 사울이 다메섹 도상(途上)에서 부활하신 주님을 만나게 되는 축복의 서막(序幕)이 되었으리라고 저는 생각합니다.

고정관념의 우물 속에서 벗어나십시오

"하속들이 대제사장들과 바리새인들에게로 오니 저희가 묻되 어찌하여 잡아오지 아니하였느냐 하속들이 대답하되 그 사람의 말하는 것처럼 말한 사람은 이때까지 없었나이다 하니 바리새인들이 대답하되 너희도 미혹되었느냐 당국자들이나 바리새인 중에 그를 믿는 이가 있느냐 율법을 알지 못하는 이 무리는 저주를 받은 자로다"(요 7:45-49).

대제사장들과 바리새인들은 하속(下屬)들이 예수님을 잡아오지 않았다고 그들을 질책했습니다. 하속들이 "**그 사람의 말하는 것처럼 말한 사람은 이때까지 없었나이다**"라고 대답한 것을 볼 때에, 그들은 예수님의 말씀을 귀담아들었던 것 같습니다. 그런데 대제사장들과 바리새인들은 아예 예수님의 말씀을 귀담아듣지 않았습니다. 조금이라도 알고자 하는 마음이 있었다면, "그래, 그자가 무엇이라고 말하더냐?" 하고 하속들에게 물었을 것입니다. 대제사장들과 바리새인들이 예수님에 대해서는 아예 듣고자 하지 않았던 이유는 그들의 고정관념 때문이었습니다. 그들은 "갈릴리에서는 절대로 선지자가 나오지 않는다. 그리스도는 다윗의 후손으로 오시기 때문에, 구원자는 반드시 다윗의 고향인 베들레헴에서 나온다"라는 고정관념에 사로잡혀 있었습니다. 영적 고정관념에 사로잡힌 자들은 결코 주님께서 주시는 생명의 물을 마시지 못합니다.

"우물 안 개구리"라는 말이 있습니다. 우물 안에서 태어나고 자란 개구리들에게는 우물 안의 세계가 전부이며 그들의 우주(宇宙)입니다. 그런 개구리들이 보는 쟁반만 한 하늘은 하늘 전체의 극히 일부분에 불과합니다. 우리나라와 같은 위도(緯度) 상의 우물에는 하지(夏至)에도 태양이 우물의 바로 위를 지나가지 않기 때문에 우물 안의 개구리들은 태양을 직접 본 적도 없습니다. 그러니 태양의 존재조차도 모릅니다. 그런데도 우물 안의 개구리들은 "자기들의 우주"에 대해서는 아주 잘 안다고 생각합니다. 그들에게 광활한 우주의 실상(實相)을 알려주어도 그들은 도무지 믿으려 하지 않습니다.

영적인 고정관념의 우물에 사로잡혀 있는 기독죄인(基督罪人)들도 마찬가지입니다. 그들은 고정관념에 사로잡혀서 귀가 있어도 듣지 못하고 눈이 있어도 보지 못합니다. 그들은 자기들이 믿고 있는 "십자가의 피만의 복음"이 복음의 전부인 줄 압니다. 그래서 우리가 "진리의 원형복음(原形福音)은 물과 피의 복음이다"라고 아무리 전해 주어도 도무지 듣지를 않습니다. 마음의 죄 때문에 괴로워하며 하나님의 의(義)에 주리고 목이 말라야 주님께로 나와서 주님께서 주시는 생명의 물을 마음껏 마실 수 있는데, 고정관념에 사로잡힌 기독교인들은 목마르지도 않고 자기들은 부족하지도 않다고 생각합니다. 영적인 고정관념에 사로잡힌 사람들은 종교의 마을, 즉 고정관념의 마을에서 벗어나야 됩니다. 그래야만 주님의 음성을 듣고 주님께서 주시는 **"궁창 위의 물"**을 마음껏 마셔서 죄 사함을 받고 성령의 충만함도 얻게 됩니다.

저는 하나님의 말씀을 경외하는 여러분들도 **진리의 원형복음**

(原形福音)을 믿고 거듭나서 성령을 선물로 받으시기를 간절히 원합니다. 그리고 이미 물과 성령으로 거듭난 분들은 이제 하나님의 뜻에 순종함으로 그 배에서 생수의 강이 흘러나가는 역사, 즉 성령의 충만함을 누리는 역사가 날마다 계속되기를 바랍니다.

누구든지 목마르거든 내게로 와서 마시라
나를 믿는 자는 성경에 이름과 같이
그 배에 생수의 강이 흘러나리라

(요 7:37-38)

당신도 간음하는 자가 아닙니까?

"예수는 감람산으로 가시다 아침에 다시 성전으로 들어오시니 백성이 다 나아오는지라 앉으사 저희를 가르치시더니 서기관들과 바리새인들이 간음 중에 잡힌 여자를 끌고 와서 가운데 세우고 예수께 말하되 선생이여 이 여자가 간음하다가 현장에서 잡혔나이다 모세는 율법에 이러한 여자를 돌로 치라 명하였거니와 선생은 어떻게 말하겠나이까 저희가 이렇게 말함은 고소할 조건을 얻고자하여 예수를 시험함이러라 예수께서 몸을 굽히사 손가락으로 땅에 쓰시니

저희가 묻기를 마지 아니하는지라 이에 일어나 가라사대 너희 중에 죄 없는 자가 먼저 돌로 치라 하시고 다시 몸을 굽히사 손가락으로 땅에 쓰시니 저희가 이 말씀을 듣고 양심의 가책을 받아 어른으로 시작하여 젊은이까지 하나씩 하나씩 나가고 오직 예수와 그 가운데 섰는 여자만 남았더라

예수께서 일어나사 여자 외에 아무도 없는 것을 보시고 이르시되 여자여 너를 고소하던 그들이 어디 있느냐 너를 정죄한 자가 없느냐 대답하되 주여 없나이다 예수께서 가라사대 나도 너를 정죄하지 아니하노니 가서 다시는 죄를 범치 말라 하시니라"(요한복음 8:1-11).

간음 중에 잡혀온 여인

서기관과 바리새인들이 예수님을 시험하려고 간음 중에 붙잡힌 여인을 끌고 와서는 예수님 앞에 내동댕이쳤습니다. 얼마나 대단한

구경거리였으며, 얼마나 많은 사람들이 모였겠어요? 그중에 말발 깨나 있는 사람이 예수님에게 다그쳤습니다. "**모세는 율법에 이러한 여자를 돌로 치라 명하였거니와 선생은 어떻게 말하겠나이까?**" 그들은 예수님을 "외통수"에 몰아넣었다고 기고만장했습니다. 만일 예수님께서 "돌로 치라"라고 말씀하시면, "당신은 모든 사람들을 죄에서 구원했다고 하면서 또 누구의 죄든지 용서하라고 하면서 왜 돌로 치라 하느냐?" 하면서 예수님께 돌을 던질 참이었습니다. 또 반대로 예수님께서 "돌로 치지 말라"라고 하시면, 그들은 "너는 모세의 율법을 폐하는 자로다"라고 비방하며 예수님께 돌을 던질 태세였습니다.

그 북새통에 예수님께서는 잠잠히 땅에 뭔가를 쓰고 계셨습니다. 그들이 예수님의 입에서 무슨 말이 나올까 하는 기대로 조용해졌을 때에, 주님께서는 일어나셔서 "**너희 중에 죄 없는 자가 먼저 돌로 치라**"라고 말씀하셨습니다. 그것은 대반전(大反轉)의 메시지였습니다. 예수님께서는 이 말씀을 하시고 몸을 굽히시고 다시 무언가를 땅에 쓰셨습니다. 폭탄선언 같은 주님의 말씀이 "너도 죄가 있잖아? 너도 현장에서 붙잡히지만 않았지 죄를 지었잖아?" 하고 그들의 마음을 후벼팠습니다. 잠시 적막이 흐르더니 그들은 "**양심의 가책을 받아 어른으로 시작하여 젊은이까지 하나씩 하나씩 나가고 오직 예수와 그 가운데 섰는 여자만**" 남았습니다.

그 많던 사람들은 다 떠나가고 예수님 앞에는 이제 두려움과 부끄러움으로 흐느끼고 있던 여인만 남았습니다. 주님께서는 "**여자여 너를 고소하던 그들이 어디 있느냐 너를 정죄한 자가 없느냐?**"라고 그 여인에게 물으셨습니다. 그때서야 그 여인은 주위를 둘러보고서 "**없나이다**" 하고 대답했습니다. 예수님께서는 "**나도 너를**

정죄하지 아니하노니 가서 다시는 죄를 범치 말라"라고 말씀하셨습니다. "나도 너를 정죄하지 않겠다"라는 말씀은 "너는 죄가 없다"라는 뜻이니, 얼마나 놀라운 말씀입니까? 방금 간음하다가 현장에서 붙잡혀 왔는데, 예수님께서 그녀에게 "너는 죄가 없다"라고 말씀하신 이유는 주님께서 안수의 형식으로 받으신 세례로 그 여인의 간음한 죄까지 이미 당신의 육체에 짊어지셨기 때문입니다.

사망에 이르는 죄와 사망에 이르지 않는 죄

그런데 말입니다. "가서 다시는 죄를 짓지 말라"라고 하신 말씀이 문제였습니다. 과연 우리가 진리의 복음을 믿음으로 모든 죄를 사함 받았다고, 그 후에는 죄를 짓지 않을 수가 있습니까? 그렇지 않습니다. 우리는 여전히 연약하기에 율법을 어기는 죄를 늘 짓습니다. 율법에는 "간음하지 말라"라고 기록되어 있는데, 주님께서는 **"또 간음치 말라 하였다는 것을 너희가 들었으나 나는 너희에게 이르노니 여자를 보고 음욕을 품는 자마다 마음에 이미 간음하였느니라"**(마 5:27-28)고 말씀하셨습니다. 그러면 우리는 늘 간음하는 자가 아닙니까? **"탐심은 우상숭배니라"**(골 3:5)고 말씀하셨는데, 우리는 우상숭배자가 아닙니까?

성경은 우리가 **"물과 피의 복음"**을 믿어서 죄 사함을 받고 거듭났다고 해도 우리의 육체는 여전히 이기적이고 정욕적이고 연약하다고 말씀합니다. "물은 예수 그리스도의 부활하심으로 말미암아 이제 너희를 구원하는 표니 곧 세례라 육체의 더러운 것을 제하여 버림이 아니요 오직 선한 양심이 하나님을 향하여 찾아가는 것이라"(벧전 3:21). 그러니 우리가 어떻게 죄를 짓지 않고 살아갈 수 있겠습니까? 따라서 예수님께서 이 여인에게 **"가서 다시는 죄를 짓지 말라"**라고 하신 말씀에서의 **"죄"**는 우리가 연약해서 짓는 죄, 즉 율법을 지키지 못한 죄를 의미하는 것이 아닙니다.

그렇다면 **"가서 다시는 죄를 짓지 말라"**라고 하신 말씀에서의 죄는 **"어떤 죄"**를 의미합니까? 사도 요한은 우리가 범하는 죄를 **"사망에 이르는 죄"**와 **"사망에 이르지 않는 죄"**로 구분했습니다. 어떤 죄를 범하면 지옥에 떨어지지만, 어떤 죄는 범하더라도 지옥에 가지는 않습니다. 후자(後者)의 죄는 우리가 연약하고 부족해서 율법을 범하거나 지키지 못한 죄인데, 그런 부류의 죄는 이미 예수님께서 받으신 세례로 모두 담당하셔서 십자가의 피로 다 갚아 주셨습니다. 우리가 진리의 복음을 믿는 믿음 안에 거하는 한 그런 죄들, 즉 **사망에 이르지 아니하는 죄**로 인해서는 지옥의 판결을 받지는 않습니다.

"누구든지 형제가 사망에 이르지 아니한 죄 범하는 것을 보거든 구하라 그러면 사망에 이르지 아니하는 범죄자들을 위하여 저에게 생명을 주시리라 사망에 이르는 죄가 있으니 이에 대하여 나는 구하라 하지 않노라 모든 불의가 죄로되 사망에 이르지 아니하는 죄도 있도다"(요일 5:16-17). 주님께서 우리의 모든 죄를 다 없애 주셨다는 진리의 복음을 부인(否認)하거나 배반(背反)하는 죄가 **사망에 이르는 죄**, 즉 지옥의 판결을 받는 죄입니다. 주님께서는 이 여인의 간음죄를 이미 당신의 육체에 짊어지셨고 장차 당신의 피로써 대속할 것이기에, **"나도 너를 정죄하지 않는다"**라고 선포하셨습니다. 그리고 주님은 그 여인이 진리의 복음에서 떠나지 않기를 바라셨기에 그 여자에게 **"가서 다시는 죄를 범치 말라"**라고 당부하셨습니다. 이는 "내가 너를 온전한 복음으로 값없이 구원했으니 이후로는 진리의 복음을 절대로 배반하거나 부인하지 말라"
라는 주님의 간절한 당부의 말씀입니다.

첫 언약과 둘째 언약

무리를 향해서 **"너희 중에 죄 없는 자가 먼저 돌로 치라"**라고 말씀하시기 전에 예수님께서는 땅에 무언가 기록하셨고, 또 그 말씀을 하신 후에도 다시 몸을 구푸려서 땅에 무엇인가를 쓰셨습니다. "땅"은 성경에서 우리의 마음 판을 상징합니다. 하나님께서는 우리의 마음 판에 두 언약, 즉 첫 언약과 둘째 언약을 기록해 주셨습니다.

첫 언약은 시내산에서 모세가 받아서 전한 율법입니다. 율법은 "~하라 혹은 ~하지 말라"(do's and don'ts)라는 613개의 명령(命令)과 금령(禁令)으로 구성되어 있는데, 율법은 하나님께서 정하신 거룩함의 절대적인 기준입니다. 첫 언약을 통해서 우리는 선하고 거룩한 것이 무엇이며 악하고 부정한 것이 무엇인지를 알게 되었습니다. 첫 언약인 율법의 요체(要諦)는 십계명(十誡命)입니다. 그리고 율법이 우리에게 요구하는 바는 "계명을 지키면 살리라"입니다.

그런데 우리가 과연 율법의 모든 명령과 금령들을 지킬 수 있습니까? 율법을 다 지켜서 하나님께로부터 의롭다고 인정을 받을 육체가 있습니까? 결코 없습니다. **"그러므로 율법의 행위로 그의 앞에 의롭다 하심을 얻을 육체가 없나니 율법으로는 죄를 깨달음이니라"**(롬 3:20)고 말씀하셨습니다. 우리가 율법을 지키다가 그중의 하나의 규례라도 범하였다면 이미 온 율법을 범한 것입니다. 그러므로 율법은 우리가 심판을 받아야 마땅한 존재라는 사실을 깨닿게 하시려고 하나님께서 주신 절대선(絶對善)의 기준입니다. 율법은 하나님께서 우리에게 죄를 깨닫게 하려고 주신 것입니다. 예를 들어서, 율법은 **"간음하지 말지니라"**라고 명령했는데, 주님은 간음죄에 대해서 **"여자를 보고 음욕을 품은 자마다 이미 간음한 자"**라고 말씀하셨습니다. 그러므로 자기 부인이 아닌 여자와 모텔에 들어가지 않았어도, 눈으로나 상상으로 음란한 생각을 품은 것 자체가 이미 간음의 죄를 범한 것입니다. 우리들이 하나님 앞에서 너무나 자기의 꼬락서니를 모르기 때문에, 하나님은 우리에게 율법을 주셔서 우리가 율법이라는 거룩한 거울을 들여다보면서 "아! 나는 참으로 형편없는 죄 덩어리이구나!" 하고 자기의 근본 모습을 깨닫게 하셨습니다. 이와 같이 첫 언약으로는 우리가 거룩하게 될 길이 전혀 없습니다.

첫 언약이 무흠(無欠)하였더면, 둘째 언약을 주실 필요가 없었습니다. 첫 언약, 즉 율법으로는 우리가 온전히 거룩하게 될 수 없었기 때문에, 하나님께서는 둘째 언약인 **"새 언약"**(렘 31:31, 히 9:15)을 우리에게 주셨습니다. 첫 언약으로는 영생의 구원을 얻을 자가 없었기에, 하나님께서는 예수 그리스도를 보내 주셔서 첫 언약 아래서 지은 모든 죄를 당신의 외아들이 대속(代贖)하게 하셨습니다. 이제 누구든지 구원자 예수님께서 드려 주신 **"한 영원한 제사"**(히 10:12)를 믿는 자마다 값없이 의롭다 하심을 얻고 영생의 천국에 들어가게 되었습니다. 첫 언약이 "율법을 지키면 살리라"라는 약속이었다면, 새 언약은 "복음을 믿으면 살리라"라는 약속입니다. 새 언약은 하나님의 어린양으로 오신 예수님께서 요단강에서 인류의 대표에게 안수(按手)의 형식으로 세례를 받으심으로 우리의 모든 죄를 당신의 육체에 단번에 짊어지심으로 **"세상 죄를 지고**

가는 하나님의 어린양"(요 1:29)이 되셨다고 선포합니다. 새 언약은 예수님께서 받으신 세례로 우리의 모든 죄와 허물을 짊어지시고 십자가에 못 박혀서 흘리신 피로 인류의 모든 죄의 대가를 지불하셨다고 선포합니다. 새 언약은 진리의 원형복음을 믿는 자마다 값없이 죄 사함을 받고 영생의 천국에 들어간다는 약속입니다. **"물과 피로 임하신"**(요일 5:6) 예수님께서 우리의 죄를 온전히 없애 주셨다는 말씀이 진리의 **원형복음**(原形福音)입니다.

   주님께서 땅(마음)에 두 언약을 차례로 써 주셨습니다. 첫 언약 앞에서 우리는 자신이 지옥에 가야 마땅한 죄인이라는 사실을 시인해야 합니다. 그래야만 둘째 언약인 **"새 언약"**의 은혜를 누리게 됩니다. 첫 언약은 우리의 **"죄로 심히 죄되게"**(롬 7:13)하기 위하여 주신 계명들입니다. 율법 아래서 신음하며 자기가 얼마나 악독한 죄인인가를 깨닫고 시인한 자라야, 즉 자기의 옳음이 다 깨어져서 유구무언(有口無言)의 심정이 된 자라야 둘째 언약의 은혜를 입게 됩니다. 주님께서는 자기의 옳음에 충만해서 기세등등하게 정죄(定罪)의 돌을 들고 모여든 무리를 향해서 첫 언약과 둘째 언약을 보여 주시면서, 그들이 지금 어떤 언약 아래 있기를 원하는지 물으셨습니다.

   간음하다 현장에서 잡혀온 여인은 유구무언(有口無言)의 상태였습니다. 그 여인은 "저를 지옥에 보내셔도, 저는 아무 할 말이 없는 자입니다" 하고 고백할 수밖에 없었습니다. 주님께서는 그 여인에게 진리의 복음으로 구원의 은혜를 베풀어 주셨습니다. **"나도 너를 정죄하지 아니하노니"**—우리 주님도 그 여인을 정죄할 수 없었습니다. 왜냐하면 그 여인의 간음 죄도 당신께서 받으신 세례로 이미 담당해서 친히 짊어지셨기 때문입니다. 그리고 장차 당신께서 대속의 피를 흘리셔서 그 죄도 갚아 주실 것이기 때문입니다. 누구든지 예수님께서 받으신 세례의 능력과 십자가의 보혈의 능력을 믿는 자는 죄가 없습니다. 주님께서 자기의 모든 죄를 가져가셔서 없애 주신 것을 확신하기 때문입니다. 그래서 성경은 "**그러므로 이제 그리스도 예수 안에 있는 자에게는 결코 정죄함이 없나니**"(롬 8:1)라고 선언한 것입니다. 우리는 정말 이기적이고 악독하고 연약하고 부족합니다. 우리는 만물보다 거짓되고 부패한 마음(렘 17:9)의 소유자들입니다. 그런데 주님께서는 우리의 모든 죄와 허물을 세례로 담당하셔서 "**다 이루었다**"(요 19:30)라고 외치시고 돌아가시기까지 십자가의 피로 그 모든 죄를 깨끗이 도말(塗抹)해 주셨습니다.

당신이 서 있어야 할 자리는 어디입니까?

예수님 앞에는 간음하다가 현장에서 붙잡혀서 "주님, 저는 죄덩어리입니다. 저는 지옥에 가야 마땅한 자입니다" 하고 고백했던 한 여인이 있었고, "나는 저 여인과는 다릅니다. 우리는 율법을 제법 지키는 자들입니다" 하며 당당하게 정죄(定罪)의 돌을 움켜쥔 무리가 있었습니다. 그런데 이들 중 누가 구원을 받았습니까? 간음하다 현장에서 붙잡힌 그 여인만 구원을 받았습니다. 즉 "나는 구제불능의 죄인입니다"라고 인정하는 자라야 둘째 언약의 은혜를 입고 천국 영생의 구원을 얻습니다.

"**너희 가운데 죄 없는 자가 먼저 돌로 치라**"라는 폭탄선언의 말씀을 듣고 자기를 정직하게 바라본 자라면 그 여인 옆으로 가서 그녀와 함께 엎드렸을 것입니다. 만일 누가 "맞습니다, 주님! 저도 제 마음을 들여다보니 이 여인과 다를 것이 없습니다. 주님, 저를 불쌍히 여겨 주십시오"하고 고백했더라면, 그런 자는 구원을 받았을 것입니다. 그러나 **"너희 가운데 죄 없는 자가 먼저 돌로 치라"**라는 폭탄선언의 말씀을 듣고도 그들은 다 흩어져서 돌아갔습니다. 구원의 은혜가 자기 앞에 활짝 열려 있었지만 그들은 마음의 문을 닫고, "그래도 나는 저런 화냥년하고는 다르지……"하며 첫 언약 아래로 돌아갔습니다.

오늘날의 기독교인들도 정죄(定罪)의 돌을 들고 몰려왔던 무리들과 다를 것이 없습니다. 당신도 그들처럼 자기의 의를 내세우며 율법의 심판관의 자리에 앉아 있는 한, 당신은 결코 **"죄 사함으로 말미암는 구원"**(눅 1:77)의 은총을 누릴 수 없습니다. 저는 그 여인의 옆에 함께 엎드려서 구원을 받았습니다. 저는 간음하다 현장에서 붙잡힌 여인보다 더한 자입니다. 사도 바울이 **"죄인 중에 내가 괴수니라"**(딤전 1:15) 하고 고백했던 것처럼, 하나님 앞에서 정직한 자는 자기가 얼마나 심한 죄인인지를 인정하고 고백합니다.

자, **"너희 중에 죄 없는 자가 먼저 돌로 치라"**하신 주님의 말씀 앞에서, 여러분은 자기를 어디에 세우렵니까? 그 여인 곁에 같이 엎드리렵니까? 아니면 정죄의 돌을 들고 무리 가운데 서 있으렵니까? 그 여인의 옆에 함께 엎드린 자는 **"죄 사함으로 말미암는 구원"**을 받고 영생을 얻습니다. 그러나 끝까지 자기의 의를 내세우며 "나는 저런 더러운 화냥년과는 근본적으로 다르지!"하며 자기의 의를 내세우는 자는 율법의 저주를 벗어나지 못하고 끝내 영원한 지옥 불에 들어갈 것입니다.

주님은 그 여인에게 **"나도 너를 정죄하지 아니하노니 가서 다시는 죄를 범치 말라"**라고 말씀하셨습니다. 간음하다가 현장에서 붙잡혀 왔는데도, 주님께서는 "너는 죄가 없다"라고 선포하셨습니다. 그 여인에게는 죄가 없습니다. 죄를 지어 놓고도 죄가 없다는 말씀이 참으로 말도 되지 않는 소리인 것 같지만, 그 죄도 주님께서 받으신 세례로 이미 담당해 주셨기에, 주님의 말씀은 진리입니다.

"너희 중에 죄 없는 자가 먼저 돌로 치라" 하신 주님의 말씀 앞에서, 저는 "당신도 간음하는 자가 아닙니까?" 하고 묻습니다. 그래서 당신이 "예, 맞습니다! 저도 늘 간음하는 자입니다" 하고 고백하며, 그 여인 옆에 가서 같이 엎드려 주님의 긍휼을 구하기 원합니다.

진리가 너희를 자유케 하리라

"그러므로 예수께서 자기를 믿은 유대인들에게 이르시되 너희가 내 말에 거하면 참 내 제자가 되고 진리를 알찌니 진리가 너희를 자유케 하리라 저희가 대답하되 우리가 아브라함의 자손이라 남의 종이 된 적이 없거늘 어찌하여 우리가 자유케 되리라 하느냐

예수께서 대답하시되 진실로 진실로 너희에게 이르노니 죄를 범하는 자마다 죄의 종이라 종은 영원히 집에 거하지 못하되 아들은 영원히 거하나니 그러므로 아들이 너희를 자유케 하면 너희가 참으로 자유하리라 나도 너희가 아브라함의 자손인줄 아노라 그러나 내 말이 너희 속에 있을 곳이 없으므로 나를 죽이려 하는도다 나는 내 아버지에게서 본 것을 말하고 너희는 너희 아비에게서 들은 것을 행하느니라 대답하여 가로되 우리 아버지는 아브라함이라 하니 예수께서 가라사대 너희가 아브라함의 자손이면 아브라함의 행사를 할것이어늘 지금 하나님께 들은 진리를 너희에게 말한 사람인 나를 죽이려 하는도다 아브라함은 이렇게 하지 아니하였느니라 너희는 너희 아비의 행사를 하는도다 대답하되 우리가 음란한 데서 나지 아니하였고 아버지는 한분 뿐이시니 곧 하나님이시로다

예수께서 가라사대 하나님이 너희 아버지였으면 너희가 나를 사랑하였으리니 이는 내가 하나님께로 나서 왔음이라 나는 스스로 온 것이 아니요 아버지께서 나를 보내신 것이니라 어찌하여 내 말을 깨닫지 못하느냐 이는 내 말을 들을줄 알지 못함이로다 너희는 너희 아비 마귀에게서 났으니 너희 아비의 욕심을 너희도 행하고자 하느니라 저는 처음부터 살인한 자요 진리가 그 속에 없으므로 진리에 서지 못하고 거짓을 말할 때마다 제 것으로 말하나니 이는

저가 거짓말쟁이요 거짓의 아비가 되었음이니라 내가 진리를 말하므로 너희가 나를 믿지 아니하는도다 너희 중에 누가 나를 죄로 책잡겠느냐 내가 진리를 말하매 어찌하여 나를 믿지 아니하느냐 하나님께 속한 자는 하나님의 말씀을 듣나니 너희가 듣지 아니함은 하나님께 속하지 아니하였음이로다"(요한복음 8:31-47).

제가 다녔던 대학교의 교정에는 큰 교훈석(敎訓石)이 서 있었습니다. 그 돌비에는 한글로 **"진리가 너희를 자유케 하리라"**라는 성경 구절이 새겨져 있었고, 하단에는 영문(英文)으로 "The truth shall make you free"라고 새겨져 있었습니다. 그런데 당시에 저는 "진리"가 무엇인지를 알지 못했으며 그저 아름다운 문구(文句)로만 여겼었습니다. 오늘의 본문을 통해서 저는 여러분과 함께 "진리란 무엇인가?" 하는 질문과 "자유란 무엇인가?" 하는 질문의 답을 얻고자 합니다.

자유(自由)라는 말의 반대말은 속박(束縛)입니다. 우리를 속박하고 있는 어떤 것으로부터 해방(解放)된 상태가 자유입니다. 이스라엘 백성은 애굽에서 430년간 종살이를 했습니다. 노예의 상태는 종살이라는 신분의 속박입니다. 하나님께서 모세를 당신의 종을 세우셔서, 당신의 백성을 종살이의 속박에서 해방시켜 주셨습니다. 그래서 그들은 더 이상 상전의 수탈과 억압이 없는 자유를 누렸습니다. 자유는 참으로 좋은 것입니다. 방학(放學)의 방(放) 자가 놓여 날 방(放) 자이니, 학생들이 공부의 속박으로부터 놓여나는 것이 방학입니다. 날마다 등교의 속박, 숙제의 속박에서 해방되기 때문에 학생들은 방학을 손꼽아 기다립니다.

죄와 사망으로부터의 자유

우리를 속박하고 있는 것이 무엇입니까? 우리는 무엇에 묶여서 살아가고 있습니까? 첫째로 우리는 물질(돈)의 속박을 받으며 살아갑니다. 대부분의 사람들은 돈의 노예가 되어서 살고 있다는 말입니다. 어떤 이들은 명예와 권력의 노예가 되어서 살아갑니다. 어떤 이들은 쾌락의 노예가 되어서 쾌락이 이끄는 대로 끌려다닙니다. 어떤 사람들은 거짓된 종교의 교리에 속고 묶여서 신음하며 살아가고 있습니다. 이처럼 우리는 여러 종류의 속박 속에서 무거운 짐을 지고 살아가는데, 그중에서 우리를 가장 심하게 속박하고 있는 것은 죄(罪)입니다. 죄가 가장 무서운 속박이며 가장 무거운 짐입니다. 사람은 영적 존재이기에, 영혼을 억압하고 짓누르는 죄의 속박이 우리를 가장 힘들게 합니다. 그래서 **"진리가 너희를 자유케 하리라"**라는 말씀에서 진리가 우리에게 주는 자유는 **죄로부터의 자유**입니다.

우리를 자유케 하는 진리란 무엇인가?

진리는 과연 무엇입니까? 주님은 **"아버지의 말씀은 진리니이다"**(요 17:17)라고 말씀하셨습니다. 포괄적으로 넓게 해석하면 진리(眞理)란 하나님 아버지께서 우리에게 주신 구약과 신약의 말씀 전체를 의미합니다. 그런데 진리를 좀 더 좁게(狹義로) 또 구체적으로 정의(定義)하면, 그것은 **"구원의 복음"**입니다. 사도 바울도 "그 안에서 너희도 진리의 말씀 곧 너희의 구원의 복음을 듣고 그 안에서 또한 믿어 약속의 성령으로 인치심을 받았으니"(엡 1:13)라고 말씀했습니다.

그러면 소위 **복음**이라고 이름하면 다 진리입니까? 아닙니다. "**성경대로의 복음**"만이 진리(眞理)입니다. "**물과 피의 복음**" 즉 "**성경대로의 복음**"이라야 그 진리의 복음을 믿는 이들이 "**죄 사함으로 말미암는 구원**"(눅 1:77)을 받고 죄로부터 해방되어 자유를 누리게 됩니다. 그런데 대부분의 기독교인들은 "십자가의 피만의 복음"을 믿습니다. 그들이 믿는 복음이 진리의 복음이라면 죄로부터 해방되어서 자유를 누려야 합니다. 그런데 그들은 죄 사함을 받지 못한 기독죄인(基督罪人)으로서 죄의 짐을 지고 허덕입니다. 따라서 "십자가의 피만의 복음"은 진리의 복음이 아닙니다.

요한일서는 "성자(聖子) 하나님인 예수 그리스도께서 물과 피로 임하셔서 우리를 모든 죄에서 온전하게 구원하셨다"라고 선포합니다. 거듭나지 못한 이들은 요한일서의 말씀을 이해하기 어렵습니다. 소경이 코끼리를 더듬어서는 제대로 코끼리를 이해할 수 없듯이, 영적 소경들은 영적인 비밀로 가득 찬 하나님의 말씀을 이해하기 어렵습니다.

성경은 **성령과 물과 피의 증거를 다 가진 복음**만이 진리의 복음이라고 확증합니다: "**예수께서 하나님의 아들이심을 믿는 자가 아니면 세상을 이기는 자가 누구뇨 이는 물과 피로 임하신 자니 곧 예수 그리스도시라 물로만 아니요 물과 피로 임하셨고 증거하는 이는 성령이시니 성령은 진리니라 증거하는 이가 셋이니 성령과 물과 피라 또한 이 셋이 합하여 하나이니라**"(요일 5:5-8). 예수님은 육신으로 오신 하나님의 아들이며(성령의 증거), 요단강 물에 임하셔서 인류의 대표자인 세례 요한에게 안수의 형식으로 세례를 받으심으로 세상 죄를 담당하셨고(물의 증거), 십자가에 못 박혀서 흘리신 피로 우리의 모든 죄를 완벽하게 속량하셨습니다(피의 증거). 성령의 증거와 물의 증거와 피의 증거—이 세 가지 증거를 다 포함하고 있는 복음만이 유일한 진리의 복음입니다. 이 세 증거 중에서 하나라도 빼버렸거나 조금이라도 다른 요소를 섞은 복음은 결코 진리의 복음이 아닙니다.

　사도 바울은 "**다른 복음은 없다**"라고 단언했고, 또 "**우리가 너희에게 전한 복음 외에 다른 복음을 전하면 저주를 받는다**"(갈 1:7-8)라고 선포했습니다. 그런데 오늘날의 기독교인들은 예수님께서 받으신 세례의 능력을 배제한 채로 십자가의 피만을 복음의 전부로 믿습니다. 십자가의 피만의 복음은 반쪽짜리 복음입니다. 저는 어려서 만화책을 많이 읽었습니다. 만화책 중에는 보물섬의 반쪽 지도를 해적들이 훔쳐갔는데, 주인공이 그 반쪽의 지도를 다시 찾아서 보물을 차지한다는 내용이 많았습니다. 해적들도 주인공도 반쪽짜리 지도로는 보물섬을 찾아갈 수 없듯이, 반쪽짜리의 복음으로는 결코 죄 사함을 받지 못합니다. 그렇기 때문에 십자가의 피만으로 된 반쪽짜리의 복음을 믿는 오늘날의 기독교인들은 기독죄인(基督罪人, Christian sinners)으로 남아 있을 수밖에 없습니다.

　우리는 죄 덩어리인데 우리의 모든 죄를 다 없애러 오신 예수님께서 받으신 세례로 우리의 모든 죄를 당신 등 뒤로 넘겨서 "**세상 죄를 지고 가는 하나님의 어린양**"(요 1:29)이 되셨습니다. 1-1=0입니다. 온전한 진리의 복음으로 예수님을 믿으면 죄 사함을 받고 거듭나서 의인(義人)이 됩니다. 예수님께서 오신 시점보다 700여 년 전에 살았던 히스기야 왕도 중병에 걸렸다가 하나님의 은혜로 회복되어서, "**보옵소서 내게 큰 고통을 더하신 것은 내게 평안을 주려 하심이라 주께서 나의 영혼을 사랑하사 멸망의 구덩**

이에서 건지셨고 나의 모든 죄는 주의 등 뒤에 던지셨나이다"(사 38:17) 하고 증거했습니다. 자기의 모든 죄를 주의 등 뒤에 어떻게 던졌습니까? "하나님께서 인류의 대표자를 세우셔서 구원자로 오신 분의 머리에 안수의 형식으로 세례를 베풀 때에 인류의 모든 죄가 그분의 등 뒤로 넘어갈 것"을 믿었기에 히스기야는 그렇게 고백한 것입니다.

이사야서 53장에 기록된 "고난 당하는 메시아의 노래"에서도, "우리는 다 양 같아서 그릇 행하여 각기 제 길로 갔거늘 여호와께서는 우리 무리의 죄악을 그에게 담당시키셨도다"(사 53:6)라고 기록되어 있습니다. 하나님께서 우리 무리의 죄악을 그(메시아)에게 어떻게 담당시켰나요? 많은 기독교인들이 "예수님은 십자가에서 우리 무리의 죄악을 담당하셨다"라고 믿고 있습니다. 그러나 십자가는 예수님께서 우리를 대신해서 심판을 받고 죗값을 치르신 곳이지 죄를 짊어지신 곳이 아닙니다. 흠 없는 어린양으로 오신 주님께서 인류의 대표자인 세례 요한에게 안수(按手)의 형식으로 세례 받으심으로 인류의 모든 죄를 담당하신 곳은 요단강입니다. 그리고 예수님은 "다 이루었다"라고 외치시기까지 십자가에서 피를 흘려서 우리의 죄를 대속하셨습니다. 그러므로 성령과 물과 피의 증거가 다 있는 복음이 성경대로의 복음, 즉 원형(原形)의 복음입니다.

원형복음의 단서(clues)

"그러므로 우리가 그리스도 도의 초보를 버리고 죽은 행실을 회개함과 하나님께 대한 신앙과 세례들과 안수와 죽은 자의 부활과 영원한 심판에 관한 교훈의 터를 다시 닦지 말고 완전한데 나아갈찌니라"(히 6:1-2).

초대교회 때에 복음을 들은 히브리인들 중에는 영적으로 지친 한 이들이 있었습니다. 어떤 이들은 복음을 들은지 제법 오래되어서 이제는 마땅히 선생이 되어야 할 터인데 아직도 영적으로 젖이나 먹고 단단한 음식을 먹지 못하는 수준이었습니다. 그래서 히브리서의 기자(記者)는 그들에게 "이제는 복음의 터에 굳건히 서서 믿음의 사람이 되자"라고 권고했습니다. 그 권고의 말씀 중에, "**그러므로 우리가 그리스도 도의 초보를 버리고**"라고 번역된 부분이 영어 성경(KJV)에는 "**그러므로 우리가 그리스도 교리의 기초원리들을 떠나서**"(Therefore leaving the principles of the doctrine of Christ)라고 번역되어 있습니다. "그리스도 도의 초보"가 바로 원형복음입니다. 즉 이 말씀은 원형복음의 구성 요소들을 하나하나 소개하면서, "이제는 복음의 터 위에 굳게 서서 더 단단한 영적 양식들을 먹을 수 있는 장성한 자의 믿음으로 나아갈 것"을 권고한 말씀입니다.

그렇다면 초대교회 시절의 사도들이 전했던 복음의 원형은 어떤 교훈들로 구성되어 있었다는 말입니까?

원형복음(原形福音)의 첫째 교훈은 "**죽은 행실을 회개함**"입니다. 죽은 행실은 죄(罪)입니다. 초대교회의 하나님의 종들은 하나님께 나아온 자들에게 제일 먼저 "자기가 지옥에 가야 마땅한 죄인"이라는 사실을 깨닫도록 가르쳤습니다. 그리고 "**하나님께 대한 신앙**"에 대해서 가르쳤습니다. 즉 하나님은 우리를 모든 죄에서 구원하기를 원하시는 사랑의 하나님이고 또 말씀의 하나님이시라고 가르쳤습니다. 그래서 자기가 지옥에 가야 할 죄인이라고 시인한 자들이 죄 사함을 받으려고 하나님께로 돌이켜서 나오게 하는 교

진리가 너희를 자유케 하리라   195

훈이 **"죽은 행실을 회개함과 하나님께 대한 신앙"**입니다.

그 다음이 바로 원형복음의 핵심으로, **"세례들과 안수"**에 대한 교훈입니다. 구약의 속죄 제사에는 반드시 안수(按手)의 규례가 있습니다. 죄인이 흠 없는 희생제물을 준비해서 그 머리에 안수하면 자기의 죄가 그 제물에게 넘어가도록 하나님께서 정하셨습니다. 그래서 안수의 규례로 죄를 넘겨받은 제물이 피를 흘리고 죽음으로 죗값을 치르면 죄인은 죄 사함을 받았습니다.

"그 지성소와 회막과 단을 위하여 속죄하기를 마친 후에 산 염소를 드리되 아론은 두 손으로 산 염소의 머리에 안수하여 이스라엘 자손의 모든 불의와 그 범한 모든 죄를 고하고 그 죄를 염소의 머리에 두어 미리 정한 사람에게 맡겨 광야로 보낼찌니 염소가 그들의 모든 불의를 지고 무인지경에 이르거든 그는 그 염소를 광야에 놓을찌니라"(레 16:20-22).

대제사장이 대표로 안수해서 백성의 1년 치 죄를 염소에게 넘김

대속죄일(大贖罪日)에는 대제사장 아론이 아사셀 염소의 머리에 대표로 안수(按手)해서 이스라엘 백성 전체의 1년 치 죄를 단번에 그 희생 염소의 머리에 넘겼습니다. 대속죄일의 제사는 예수님께서 당신의 몸을 제물로 드린 **"한 영원한 제사"**(히 10:12)의 그림자입니다. 성경의 계시를 따라, 대제사장 아론의 후손이자 여자가 낳은 자 중에 제일 큰 자인 세례 요한이 안수의 형식으로 예수님의 머리에 세례를 베풀었습니다. 그때에 예수님은 요한에게, **"이제 허락하라 우리가 이와 같이 하여 모든 의를 이루는 것이 합당하니라"**(마 3:15)고 말씀하셨습니다. 예수님께서 인류의 대표자에게 안수의 형식으로 받으신 세례가 세상의 모든 죄를 당신의 육체에 친히 담당하신 역사라고 성경은 선포합니다.

그리고 주님께서 받으신 세례와 십자가의 피로 드리신 **"한 영원한 제사"**(히 10:12)를 믿음으로 거듭난 의인들은 장차 주님께서 다시 오실 때에 육체의 부활을 누립니다. 또한 하나님의 종들은 죄사함을 받지 못한 죄인들은 지옥의 영원한 심판을 받는다고 가르쳤습니다. 그것이 초대교회의 하나님의 종들이 원형복음의 내용에 포함해서 전했던 **"죽은 자의 부활과 영원한 심판에 관한 교훈"**입니다.

인류의 대표자인 세례 요한이 세상 죄를 예수님께 넘김

이렇게 **"그리스도 도의 초보"**인 원형의 복음을 믿을 때에 우리는 죄 사함을 받고 거듭나서 **"죄와 상관없이"**(히 9:28) 다시 오실 주님을 소망 중에 기다립니다. 이제 우리는 죄로부터만 해방된 것이 아닙니다. 죄로부터만 해방되었다고 사람이 온전히 자유롭게 되지는 않습니다. 죄 사함 받은 사람일지라도 세상의 것들에 묶여 있으면 결코 온전한 자유를 누리지 못합니다. 어떤 이들은 돈(물질)에 묶이고, 남의 평판에 묶이고, 자기 생각이나 염려에 묶여서 주님께서 주시는 자유를 온전히 누리지 못합니다. 그러나 하나님의 말씀 안에서 자라나면 죄에서뿐만 아니라 우리를 얽매고 있는 모든 속박들과 거짓으로부터도 자유롭게 됩니다. 우리가 거듭난 후에, 교회 안에서 하나님의 말씀을 듣고 믿음의 사람으로 자라나면 세상의 모든 속박으로부터도 해방되어 진정한 자유인이 됩니다.

하나님의 자녀들과 마귀의 자녀들

"내가 진리를 말하므로 너희가 나를 믿지 아니하는도다 너희 중에 누가 나를 죄로 책잡겠느냐 내가 진리를 말하매 어찌하여 나를 믿지 아니하느냐 하나님께 속한 자는 하나님의 말씀을 듣나니 너희가 듣지 아니함은 하나님께 속하지 아니하였음이로다"(요 8:45-47).

유대교의 지도자들은 주님의 말씀을 듣고도 도무지 믿으려 하지 않았습니다. 그들은 마귀의 자녀들이었습니다. 하나님을 믿는다고 고백하면서도 진리의 말씀을 거부하는 자들은 마귀의 자녀들입니다. 물과 피의 복음이 진리입니다. 십자가의 피만의 복음은 마귀가 뿌려놓은 쭉정이의 복음이고 반쪽짜리의 복음입니다. 그런 사이비(似而非) 복음으로는 결코 **"죄 사함으로 말미암는 구원"**(눅 1:77)을 받을 수 없습니다. 십자가의 피만으로 된 복음을 믿는 기독죄인(基督罪人)들은 마음에 죄가 그대로 있어서 지옥의 판결에서 벗어날 수 없습니다.

마음에 죄가 있으면 지옥의 판결을 받습니다. **"죄의 삯은 사망"**(롬 6:23)이라고 성경은 분명히 선포합니다. 그런데도 기독죄인(基督罪人)들은 "마음에 죄야 당연히 있죠!" 하며 자기들의 마음에 있는 죄를 당연시합니다. 그들은 자신을 "구원받은 죄인"이라고 당당하게 고백합니다. 말이 되는 얘기입니까? 그런 말은 "물에서 건져냈는데 아직도 물에 빠져 있다"라는 주장과 똑같은 난센스(nonsense)입니다. **"그러나 내 말이 너희 속에 있을 곳이 없으므로 나를 죽이려 하는도다"**(요 8:37)라는 말씀대로 기독죄인들의 마음에는 자기의 옳음과 철옹성(鐵甕城) 같은 편견들이 꽉 차 있어서,

하나님의 말씀이 들어갈 자리가 없습니다. 그래서 진리의 말씀을 듣고도 "그러면 십자가의 피만 믿는 이 많은 사람들이 모두 지옥에 간다는 말이냐?" 하고 항변하면서 진리의 복음을 배척합니다. "죄 있으면 지옥에 간다"라는 말씀이 진리입니다. 하나님의 말씀이 진리이지, 많은 수의 사람이 옹호한다고 거짓이 진리가 되지는 않습니다.

하나님의 말씀만이 진리입니다. 하나님 말씀은 **"증거하는 이가 셋이니 성령과 물과 피라 또한 이 셋이 합하여 하나이니라"**(요일 5:8)고 선포합니다. 이 세 가지의 증거 중에서 하나라도 빼버리면 온전한 진리의 복음이 될 수 없습니다. 그런데 사단 마귀는 오랫동안 간교하고 치밀하게 작업을 해서, 진리의 원형복음에서 **"물"**을 빼버리는 공작에 성공했습니다. 그리고 거짓 복음을 믿는 자기의 자식들을 양산해서, 생명을 가진 알곡(the wheat)은 사라지고 가라지(the tares)가 온 땅을 뒤덮게 되었습니다. 마귀의 자식들의 마음에는 하나님의 말씀이 들어갈 자리가 없습니다. 그들의 마음은 자기들의 아비인 사단 마귀가 심어놓은 거짓말들로 꽉 차 있기 때문입니다.

진리의 원형복음(原形福音) 앞에서 하나님의 자녀들과 마귀의 자녀들이 나뉩니다. 하나님의 자녀들은 자기의 생각을 부인하고 하나님의 말씀을 믿고 좇습니다. **"물과 피의 복음"**이 성경대로의 복음이며 반박할 수 없는 진리인데도, 마귀의 자녀들은 마귀가 주입한 거짓말에 사로잡혀서 또는 세상의 비판이 두려워서 진리의 말씀이 옳다는 것을 알면서도 귀를 막고 도망칩니다. 누가 하나님의 자녀입니까? 어떤 이들이 아무리 주의 이름으로 마귀도 좇아내고 열악한 선교 현장에 들어가서 자기의 생명까지 희생했더라도, 만일 그들이 주님께서 주신 진리의 원형복음(原形福音)을 좇지 않는다면 그들은 마귀의 자식일 뿐입니다. 누가 하나님의 자녀입니까? 아브라함처럼 하나님의 말씀이 "그렇다"라고 하면 자기의 모든 것을 잃어버릴지라도 하나님의 말씀을 따라가는 자들이 하나님의 자녀입니다. 그러나 아무리 하나님의 말씀이 "그렇다"라고 해도 사람들의 인정이나 자기의 지위를 잃어버릴까 두려워서, "내가 지금까지 십자가의 피만의 복음을 전해서 이렇게 큰 교회를 이루고 교인들의 인정을 받고 있는데, 이 진리의 원형복음을 따라가면 모든 것을 다 잃어버릴 것이다" 하고 염려해서 진리의 말씀으로부터 멀리 도망가는 자들은 마귀의 자식들입니다.

"물과 피의 복음"이 유일한 진리의 원형복음(原形福音)입니다. 누가 우리를 비난하든 말든 우리는 복음의 나팔을 분명하게 붑니다. 우리는 이 진리의 복음을 믿음으로 **"진리가 너희를 자유케 하리라"**라는 말씀이 우리 마음에 이루어진 것을 감사하며 하나님을 찬양합니다.

할렐루야!

너희가 내 말에 거하면
참 내 제자가 되고 진리를 알찌니
진리가 너희를 자유케 하리라

(요8:31-32)

저자소개

1952 년생. 연세대학교 정치외교학과 및 대학원에서 정책학을 전공하고 1981 년부터 동우대학에서 행정학과 교수로 재직하였습니다. 재직 기간 중 대학 IVF 지도교수로 사역하면서 도시공동체 교회를 인도하였습니다.

1991 년에 물과 피의 복음으로 거듭난 후 하나님의 부르심을 받고 목회자와 선교사로 중국, 러시아, 방글라데시, 미국 등지에서 선교 활동을 하였습니다. 은퇴 후 제주도에서 원형복음선교회 및 도서출판 의제당 대표로 문서선교에 힘쓰고 있습니다.

거듭남의 복음
요한복음 강해 설교집

1 판 1 쇄 발행 2020 년 6 월 1 일

Copyright © 2020 by Uijedang Press
All rights reserved. No part of this publication may be reproduced, distributed, or transmitted in any form or by any means, without the prior written permission of the publisher.

발행처　도서출판 의제당
주소　제주특별자치도 제주시 계명길 10 (외도일동) 2 층
홈페이지　www.born-again.co.kr / 의제당.kr
연락처 : (064) 742-8591
블로그　pilgrim1952.blog.me
문의　uijedang@naver.com

Author　Samuel J. Kim
Editor　Tim J. Kim
Cover Art　Leah J. Kim
Illustrator　Eunyoung Choi
Calligrapher　Darae Kang

ISBN 979-11-87235-46-0　04230

가격　10,000 원

※ 잘못된 책은 구입하신 서점에서 바꾸어 드립니다.